역사와 고전의 창으로 본

21세기 공공리더십

CNU 리더스피릿연구소 기획

박영사

| 서언 |

눈부신 경제발전과 민주주의의 제도적 성취에도 불구하고 오피니언 리더 그룹과 기득권층을 향한 비판의 시선이 어느 때보다 매서운 오늘날 한국 사회에서 진실로 필요한 과제는, 리더와 리더십의 수준을 꾸준히 높이는 노력일 것이다. 훌륭한 리더의 등장과 활동은 그가 지닌 개인적 역량이 발휘된 결과이기도 하지만, 더 근본적으로는 자신이 속한 사회와 그 사회에서 진행된 교육의 산물로 보아야 하기 때문이다. 정치의 수준은 국민의 수준에 비례한다는 속설이 있듯이, 리더의 수준 역시 그가 속한 사회와 교육의 수준에 의해 결정된다고 보는 것이 타당할 것이다. 따라서 한 사회의 리더에 대한 기대치를 상향 조정하거나 역할 행동을 강화시키는 노력은, 구성원에 대한 체계적인 교육을 통해 사회 전반의 의식수준을 끌어올리는 작업과 연결되어야 한다. 특히 대학을 비롯한 고등교육기관에서 활동하는 지식인들은 리더십의 의미와 가치에 관한 연구와 성찰을 바탕으로, 사회 각 분야에 적용될 수 있는 리더 육성 로드맵을 제시할 수 있어야 한다. 나아가 리더 정신 함양에 적합한 저술 출판에도 심혈을 기울여야 할 것이다. 이 저술을 기획하고 출판하는 까닭도 여기에 있다.

막스 베버(Max Weber 1864-1920)는 『소명(Beruf)으로서의 정치』에서, "정치란 열정과 균형감각을 가지고 단단한 널빤지를 강하게 그리고 서서히 뚫는 작업"이라고 규정한 바 있다. 그런데 베버의 묘사가 꼭 정치인에게만 적용된다고 볼 필요는 없을 것이며, 어떤 조직이나 사회의 리더를 자임하는 인물이라면 자신에게 주어진 책임과 역할을 냉철함과 열정을 바탕으로 끝까지 완수할 수 있어야 한다는 의미로 폭넓게 이해할 수 있을 것이다.

진정한 리더는 단지 조직의 관리 기술뿐만 아니라 공동체 전체의 긍정적인 변화와 발전을 견인할 수 있는 태도와 능력을 갖추어야 한다. 이러한 의미에서 '지도자정신'(leaderspirit)이란 구성원들이 지금 여기서 가장 필요로 하는 바, 즉 시대정신을 정확히 파악하고 이를 새로운 공유비전으로 개념화한 후 다시 구성원과 더불어 성취할 수 있는 자세와 역량으로 규정할 수 있다. 4차 산업혁명 시대로 대변되는 21세기는 인류의 문명사에서 끊임없이 등장했던 고전적 단어인 리더십을 새로운 정신적·문화적 가치개념으로 해석해야 할 시기이다. 공적 합리성, 개인의 자율성과 평등, 지속적인 자기계발이 공존과 번영의 필수조건인 시대가 도래한 것이다.

『역사와 고전의 창으로 본 21세기 공공리더십』은 지난 2022년 봄부터 충남대학교 리더스피릿연구소가 기획하여 '교수신문'(www.kyosu.net) 지면에 약 일 년간 연재했던 50여 편의 칼럼을 중심으로 구성되어 있다. 집필에 참여해 주신 선생님들께 이 자리를 빌려 감사의 말씀을 전한다. 또한 출판업무를 진행해 주신 박영사 임재무 전무님을 비롯한 관계자들께도 감사드린다. 이 저술이 '개인의 가치와 공동체의 가치 사이에서 균형을 잡고, 진정성을 바탕으로 윤리적 결단을 감행할 수 있으며, 선하고 균형 잡힌 영향력을 행사함으로써 구성원들의 공감과 제도적 변화를 견인할 수 있는 리더'의 등장을 촉진하는 마중물 역할이 되기를 희망해 본다.

집필진을 대표하여,
충남대학교 리더스피릿연구소장 서영식

제1부 | 한국 · 동양의 공공성과 리더정신

제2부 | 서양의 공공성과 리더정신

제1부

한국 · 동양의 공공성과 리더정신

역사와 고전의 창으로 본 21세기 공공리더십

'주역'과 태종 리더십

태종(太宗, 1367-1422)

조선 군주들은 대부분 '주역'에 깊은 조예를 갖고 있었다. 그중 특히 주역을 깊이 이해했던 임금으로는 세종, 세조, 선조, 숙종 등을 꼽을 수 있다. 이들은 처음부터 끝까지 주역을 제왕학으로 이해했다.

예를 들어 세종 21년(1439년) 7월 4일 세종이 세자에게 강무(講武), 즉 사냥을 할 것을 명하자 의정부에서 들고 일어나 "예전에 이런 일은 없었다"며

저지하고 나섰다. 이에 대한 세종의 반박이다.

"'주역'에 이르기를 '아비의 일을 아들이 맡아 처리한다'고 하였다. 세자가 장차 나를 대신하여 나라를 다스릴 것이니 군사를 나누어 거느리고 권도(權道)로 강무를 행하는 것이 실로 의리에 있어 해롭겠는가?" 정면 반박이다.

그런데 '주역'을 가장 체화한 리더십을 보여준 조선 군왕을 꼽으라면 그 첫째는 태종일 수밖에 없다. 이 점을 이해하려면 먼저 '주역'이라는 책의 성격을 알아야 한다. 같은 제왕학 훈련서이지만 '논어'는 일의 이치[事理], 즉 예(禮)에 좀 더 많은 비중을 두고 있다. 양화편에 가서야 일의 형세[事勢], 즉 명(命)에 관한 이야기가 일부 등장하는 수준이다.

그러나 주역은 처음부터 끝까지 중(中)과 정(正)에 관한 이야기인데 이 둘이 충돌할 경우 대부분 중(中)이 훨씬 큰 비중을 갖게 된다. 왜냐하면 중이란 상황에 적중하는 것이고 정(正)은 정(貞)으로 자기 자신을 바르게 하는 것에 그칠 뿐이기 때문이다.

우리가 흔히 상도(常道)라고 하는 것이 바로 정(正)이며 권도(權道)라고 하는 것이 중(中), 즉 시중(時中)이다. 이때 시(時)란 시간이 아니라 상황을 말한다. 결국 주역은 건괘와 곤괘라고 하는 임금과 신하를 각각 상징하는 가장 이상적인 상황을 출발점으로 삼아 현실 속에서 일어날 수 있는 62가지 상황을 상정하여 각각의 해법을 제시한 책이다. 이때 상황이란 철저하게 공적인 문제이기 때문에 개인의 사사로운 구복(求福)과는 무관한 것임을 알아야 한다. 그렇다면 우선 태종의 생애 중 몇 가지 고비를 짚어보자.

첫째, 그가 정몽주를 척살한 일이다. 조정의 재상을 일개 관리 신분으로 죽인 일은 예에 어긋나는 것이며 부정(不正), 즉 바르지 못한 처신의 전형이다. 그러나 그 일이 일어난 상황으로 들어가 보면 이야기는 달라진다. 당시 이방원이 움직이지 않았으면 조선 개국을 준비하던 정도전, 조준 등의 세력은 정몽주에 의해 목이 달아났을 것이고 조선 건국은 물 건너갔을 것이다. 이 과정에서 아버지 이성계는 정몽주를 죽인 이방원을 심하게 꾸짖었다. 정

(正)에 머무른 것이다. 이때 이방원이 '주역'을 공부했는지는 모르지만 그는 생래적으로 정(正)보다는 중(中)에 가까운 인물이었다.

둘째, 1차 왕자의 난으로 정도전을 죽이고 아버지를 권좌에서 끌어내린 일이다. 이 또한 군부(君父)를 거역한 이중적 의미의 잘못을 저질렀다고 볼 수 있다. 그러나 이미 정도전이 왕권을 무력화하며 권신(權臣)의 행태를 보이고 있었다는 점에서 이는 사실상 고려말 혼란기로의 후퇴나 마찬가지로 역행한 처사였다. 이방원의 1차 왕자의 난은 이를 끊어내고 다시 조선이 새로운 나라의 활력을 갖출 수 있는 방향으로 나아가게 만들었다.

셋째는 원래 정해진 세자를 폐위하고 충녕대군을 새로운 세자로 세운 일이다. 이 역시 정(正)을 버리고 중(中)을 택한 사례이다. 그렇게 함으로써 양녕 한 사람은 불행해졌지만 만백성이 큰 혜택을 입을 수 있었다. 지인(至仁), 즉 크게 널리 어짊을 펼 수 있는 상황이라면 기꺼이 소인(小仁)을 버리고 대인(大仁)을 선택하는 것이 큰 지도자의 모습이다.

정(正)에 머물러 좁은 시야로 태종을 바라보면 잔인하고 몰인정하게 보일 수도 있지만 중(中)의 관점에서 보면 오히려 위대한 지도자의 면모를 포착하게 된다. 그리고 그것은 우연히 그렇게 된 것이 아니다. 태종은 재위초부터 '주역'을 숙지하고 있었다.

최대의 정적이었던 처남 민씨 형제들을 제거할 때도 '주역' 곤괘(坤卦) 효사인 "서리를 밟으면 단단한 얼음이 이르게 된다[履霜堅氷至]"를 가슴속에 새겼다. 간사한 자는 일찍 싹을 뽑아야 한다는 메시지다.

늘 '주역'을 가까이 했던 태종은 태종 15년(1415년) 8월 1일 이렇게 말한다. "주역 태괘(泰卦, ䷊)를 읽어보면 나라 다스리는 방도를 대개 알 수 있을 것이다." 태괘는 건괘(☰)가 아래에 있고 곤괘(☷)가 위에 있다. 흔히 생각하면 건괘가 위에 있고 곤괘가 아래에 있어야 할 것 같다. 그게 바르기 때문이다.

그렇다. 그러나 그것은 결국 정위(正位)에 머물 뿐 위아래가 하나가 되어

화합되지 못한다. 건괘는 위로 올라가고 곤괘는 아래로 내려오니 건괘는 자기를 낮춰 신하에게도 배우려는 바람직한 상황이 형성된다. 태종이 태괘를 이렇게 평한 것도 바로 그 때문이다.

이한우 ㅣ 논어등반학교

태종과 세종이 발휘한 국가경영 리더십

세종(世宗, 1397-1450)

'조선에는 통치만 있고 정치가 없었다.'

　2021년에 출간된 함재봉 한국학술연구원 원장의 책 <정치란 무엇인가?>를 관통하고 있는 메시지다. 왕과 사대부 같은 극소수의 특권층이 모든 권력을 장악하고, 절대 다수 백성들을 일방적으로 통치하는 나라가 조선이라는 관점은 수긍할 만하다. 하지만 조선 시대 사람들이 '행위하고 소통하는 방식'에 대해서 '그건 정치가 아니라 통치'라고 규정짓는 것은, 나아가 그 통치는 정치보다 아래에 있다는 주장에는 선뜻 동의할 수가 없다. 즉위 제일성이 '의논하자'였고, 신하들로부터 "토론을 즐기는[樂於討論·낙어토론] 임금"이라고 불린 세종은 예외라고 치자. 세종의 아버지 태종은 어떤가?

재위 15년째인 1415년 6월 14일, 태종은 "오랫동안 비가 오지 않으니 인사(人事)에 잘못이 있지 않은가 싶다"면서 전국의 관리들로 하여금 '시정(施政)의 득실과 민생의 질고(疾苦)에 대해 모조리 개진할 것'을 요청했다[求言·구언]. 사흘 뒤인 6월 17일에 140여 조항의 진언(陳言)이 올라왔다. 왕은 올라온 진언에 대해서 육조와 승정원의 관리로 하여금 시무(時務)에 절실하지 않은 것은 제외시키고, 실행 가능한 중요 안건 4가지를 뽑아 토의[擬議·의의]하게 했다.

토의하는 방식이 인상적인데, 먼저 왕이 안건별로 질문하면 담당자가 요약 보고했고, 그 뒤 '집중 토의'를 거쳐 왕이 최종 결정했다. 다시 5일 뒤인 6월 22일에는 지방의 감사와 대소 관리가 올린 진언 200여 통이 올라왔다. 이 중 33조항이 토의되었는데, 이날 실록에는 조항마다 ① 의견 올린 사람 이름과 주요 내용[陳言·진언], ② 토의해 내린 결론[議得·의득], ③ 왕의 최종 결정[從之·종지/不允·불윤] 등이 상세히 기록되어 있다.

왕이 구언(求言)요청을 하고, 중앙과 지방의 관리들이 그 요청에 응해 수백 개의 정책 제안을 신속하게 올리며[陳言], 주요 사항에 대해 어전에서 토의한 후, 담당자의 계목(啓目: 실행 방안) 검토를 거쳐, 왕이 최종 결정 후 시행하게 하는 것을 보면, 흡사 선진 국가의 입법 과정을 보는 듯하다. 옥스퍼드대 파이너(S. E. Finer) 교수는 <정부의 역사>(1999)라는 책에서 '군주정에서도 활발한 토론의 정치(forum in the palace)가 이뤄졌다'고 지적했다. 태종과 세종 정부의 토론은 그 적절한 사례라고 할 수 있다.

'조선시대에도 활발한 토론문화가 있었다'고 말하기 위해 지금 이 글을 쓰는 게 아니다. 그보다 나는 정치에서 행정이나 경제, 그리고 법을 제외시키려는 시도에 대해 반대한다. 정치(politics)라는 말이 함원장께서 중시하는 고대 그리스의 폴리스(polis)에서 유래한 것처럼, 정치는 국가경영(statecraft) 전체를 아우른다. 말로 자신을 드러내고, 능동적으로 자신의 고유한 인격적 정체성을 표출하는 '말의 정치'는 물론 중요한 정치 영역이다. 하지만 토의 내용을 민생과 국방, 그리고 재판 영역에서 실행시키는 '일의 정치' 역시 빠뜨릴 수 없는 정치의 핵심 영역이다.

나는 예송(禮訟) 등 '말의 정치'가 치성하던 조선 후기가 집현전 학풍, 즉 국가의 당면과제를 관리하고 해결하는 '일의 정치'를 중시하던 조선 전기보다 낫다고 생각하지 않는다. "의논만 분분하고 한담만 일삼다가" 마침내 '일을 이루지 못하는 것'을 안타깝게 여겼던 태종, 고전 읽기로 회의를 시작해 말과 일을 엮는 방식으로 창의적 회의를 이끌었던 세종의 국가경영 리더십을 우리나라 정치가들이 배우기를 희망한다.

박현모 | 여주대

위기 상황 속 평정심 유지하기
- 청허 휴정의 리더십

휴정(休靜, 1520-1604)

　우리는 지금 위기라는 말을 입에 달고서 살아가는 중이다. 기후위기와 경제위기, 저출산고령화로 인한 지속성의 위기 등이 그 대표적인 예들이다. 그중에서도 이번 여름에 다가온 폭우와 폭염으로 경험한 기후위기는 이미 일상과 몸의 차원으로까지 다가와 있다. 그럼에도 우리는 그 위기라는 말 자체마저 익숙해져서 진정한 위기의식을 찾아보기 어려운 냉정과 냉소의 뿔 사이를 지니고 있다. 그 결과는 구호에 비해 현실의 변화가 위기의 진전을 따라잡기에는 턱없이 모자라거나 방향감을 상실함으로써 커지는 막연한 절망감이다.

우리 시대의 지도자는 이런 위기 상황을 정확히 인식하고 보다 나은 방향으로 이끌어줄 수 있는 역량을 갖추고 있으면 좋겠다는 기대를 가져 보지만, 불행히도 그런 지도자들은 잘 보이지 않는다. 나 자신을 포함한 우리 시민들이 그런 사람들을 리더로 불러낼 수 있는 과정과 절차인 적절한 주목과 인정을 제대로 해내지 못하고 있기 때문일 것이다. 정치인들에게 책임을 묻기 전에 주체인 우리 자신과, 권력자들에게 빌붙어 한자리 차지하려는 데만 욕심을 내는 허울뿐인 지식인들이 책임을 통감해야만 하는 암울한 지점이다.

이런 암울한 상황 속에서 종교 지도자라도 제 역할을 해줄 수 있으면 좋으련만, 일반 시민사회보다도 먼저 자본주의 체제에 편승한 제도종교의 우두머리들에게서 그런 기대는 난망한 것임을 주기적으로 확인하곤 한다. 절이나 교회를 키우는 데만 신경 쓰는 듯한 그들의 성장이데올로기와, 그 방향에 어긋나면 가차 없이 폭력을 행사하기까지 하는 행태의 와중에서 오히려 '사회가 종교를 걱정하는 시대'임을 절망적으로 자각하게 된다. 종교 지도자들 중에서도 제자리를 지키고자 하는 사람이 있음을 모르지 않지만, 그들의 자리는 늘 변방이거나 주목받지 못한다.

그 암울함을 딛고 오늘 호출해 보고자 하는 지도자는 조선 중기의 승려 청허휴정(淸虛休靜)이다. 청허와 함께 그를 부르는 다른 법호(法號)인 서산(西山)으로 더 알려져 있는 그는 본래 성균관에서 공부한 유생이었다. 3년 공부한 후에 임한 과거에서 낙방하고 방황하던 중에 만난 불교에 헌신하여, 척불(斥佛)을 이념으로 내세운 조선 사회에서 불교를 지켜낸 인물 중 하나다. 경전 공부와 참선, 계율 등 삼학(三學)의 과정 모두를 중시하면서 일상의 수행을 이끌었던 그가 보인 모범은 지금까지도 우리 불교계의 참혹한 현실을 꾸짖는 경책으로 살아 있다.

휴정의 지도력은 임진왜란이라는 위기 상황 속에서 더 빛났다. 한양을 내주고 피난을 가던 선조가 그를 불러 나라를 구할 방법을 묻자, 먼저 자신이 속한 불교계가 앞장서서 왜구를 막아보겠다고 나섰다. 유정과 처영, 영규 같은 제자들이 적극 호응하면서 결국 왜란을 극복할 수 있는 기틀을 마련한다. 이미 그의 나이 칠십이 넘은 때였다.

"모든 병은 마음에 있으니 / 어찌 힘들게 글자 공부만 할 것인가 / 오언절구의 시 한 수면 / 삶의 뜻을 다 담을 수 있다네."(휴정의 선시 '영회(詠懷) 중에서)

청허의 리더십은 일상의 수행과 선시(禪詩)를 통해 쌓은 평정심에 기반한 것이었다. 그 평정심은 같은 인간인 왜구를 죽이는 불살생의 계율 위반이라는 내외적 갈등을 '자비로운 분노'로 극복해낼 수 있게 한 원동력이 되기도 했다. 위기가 일상화된 21세기 초반 한국시민의 삶 속에서 지도자는 익숙함에 기반한 무지와 무관심, 탐욕의 질곡을 넘어설 수 있는 평정심을 갖출 수 있어야 하고, 그 평정심은 가끔씩이라도 자신의 일상으로부터 거리를 유지하려는 노력을 통해 길러질 수 있다. 시대가 바뀌었다고 하지만, 밤중에 눈길을 걸을 때에도 다음에 올 사람들을 생각해서 함부로 걷지 않겠다는 생각과 실천의 모범을 보인 휴정의 리더십은, 여전히 시민이자 지도자인 사람들이 주목해야 하는 지점이다.

박병기 | 한국교원대

율곡 이이 선생이 가르친 중화의 리더십

이이(李珥, 1536-1584)

율곡 이이(1536－1584)는 한국 최고의 애국경세가이며 그의 리더십은 여러 면에서 한국 지성의 가장 전형적인 리더십을 보여주었다. 율곡이 추구한 리더십의 근간은 실리와 정의의 '득중합의'(得中合宜) 정신에 의거하여 '이국활민'(利國活民)을 도모하는 것이었다. 그 특징은 도덕과 경세의 연계, '선공후사'의 태도로 무한한 자기 헌신과 애국애민의 봉사정신이 가장 중요한 리더십의 바탕이었다.

율곡의 리더십에 있어서 중요한 바탕은 인간의 존엄과 이에 바탕한 국가운영 의지이다. 인간의 존엄성은 어디에 있는가? 인간은 물질만이 아니요, 숭고한 이상으로만 살아가는 존재도 아니다. 인간은 이성과 감성과 욕구가 함께 내재하며, 삶의 조건으로서의 소유적 측면과 삶의 방향으로서의 존재적 측면이 동시에 갖추어야 한다. 이러한 양면을 조절하고 조화를 이룰 수 있는가에 대한 문제의식이며 실현화 능력이 필요하다.

『중용』에 중화(中和)를 이루어 극진히[致中和]하면 천지가 제자리를 얻고 만물이 번성한다고 했다. 이러한 중화사상은 만물이 제자리(位)와 제때(時)를 제대로 얻어서 만물이 생성하고 완성함(成之)을 이룬다는 상생의 사상이다. 율곡은 이러한 중화사상이 내재된 유교의 전통을 충실히 이어받았으며, 그의 사상을 집약한 『성학집요』의 「통설」편을 '치중화' 사상으로 마무리했다. 율곡의 치중화론은 '명덕을 천하에 밝힌다'는 이상주의의 도덕적 측면과 '천지가 안정하고 만물이 생육한다'는 일상생활의 실용적 측면을 담고 있다.

이에 따르면 리더는 두 가지 실천원칙을 가져야 한다. 첫째, 근본을 쫓아 말하는(從本而言) 경우와 매 상황에 따라 말하는(從事而言) 두 경우의 상함성이다. 율곡은 정치방도(治道)에 '종본이언'의 경우와 '종사이언'의 두 측면에 있다고 했다. '종본이언'은 정심과 정의의 원리에 따라 말한다는 의미이며, '종사이언'은 구체적인 실제상황에 따라 말한다는 의미이다. 이 두 측면은 변혁기에 시대상황을 쫓아 변통하는 두 방법이다.

율곡의 현실대처 방법은 '항법'(恒法)과 '변통'이 조화 통일되는 것으로서 큰 의의가 있다. 항법이 없는 변통은 일의 시작과 끝이 일관될 수 없어서 상황에 따른 상대주의와 편의주의에 빠져 결국 본뜻을 상실하게 된다. 즉, '종사이언'의 정신은 '종본이언'의 전제 위에서 전개되어야 한다. 상황이 아무리 변한다 하여도 인간의 '어진 본심'을 오로지 하여 정덕과 정심을 잃지 않아야 한다.

둘째, 의와 리의 상함성이다. 이 문제는 항법과 변통에 관한 '종사이언'과 '종본이언'의 정신과 동일선상에서 논의했다. 율곡은 "도(道)에 병립할 수 없는 것은 옳음(是)과 그름(非)이며 사(事)에 함께할 수 없는 것은 이로움(利)과 해로움(害)인데, 이해를 급하게 여기어 시비의 측면을 돌아보지 않는다면 일을 처리하는 의에 어긋나며, 또한 시비를 생각하여 이해의 소재를 살피지 않는다면 응변의 권(權)에 어긋난다. 권에는 정규가 없으니 중(中)을 얻음이 귀하고 의에는 상제(常制)가 없으니 의(宜)에 합함이 귀하다. 중(中)을 얻고 의(宜)에 합한, 즉 옳음(是)와 이익(利)이 그 가운데에 있다."라고 했다. 시비와 이해의 시중(時中)에 관하여 오늘날에도 깊이 새겨들을 명쾌한 논리이다.

이러한 창조적인 적중은 어려운 일이다. 현명하고 능력 있는 사람이라야 가능하다. 율곡은 어질고 유능한 엘리트 집단이 국민을 섬기는 엘리트 리더십을 주장했다. 인간에 대한 긍정적 신념과 시무에 밝고(曉達時務), 국사를 진심으로 걱정하는(留心國事) 사람이 공론과 국시를 바탕으로 추진하는 체계적인 개혁을 주장했다.

인간의 삶을 위한 상생의 원리를 현실에 실현하는 득중(得中)의 논리(和)가 절실한 이때, 율곡이 보여준 중화의 리더십은 인류사회의 리더들이 경청해야 할 바가 있다.

김문준 | 건양대

정약용의 『목민심서』에서 배우는 공직 리더십의 철칙: 위엄과 신뢰

정약용(丁若鏞, 1762-1836)

오늘날 과거의 신분제 사회와는 달리 누구나 관리가 될 수 있고, 누구나 정치가가 될 수 있지만 영도하는 사람과 영도되는 사람으로 구분되는 것은 예나 지금이나 한결같다. 리더(Leader)는 최고위의 영도자만을 가리키는 것이 아니다. 두 사람만 모여도 리더와 팔로워(Follower)가 존재한다. 이 관계는 늘 존재하기도 하고, 사안에 따라 그 관계가 뒤바뀌기도 한다. 리더는 다른 사람보다 앞서서 결정하고 실천하는 사람이다. 공직자는 이런 의미에서 넓게 리더로 재해석할 수 있다.

정약용이 말하는 리더는 개인 사이의 분쟁의 조정자로 등장한다. 한 마을의 분쟁의 조정자가 마을의 이정(里正)이 되고, 이정부터 일정 규모의 조직까지는 리더를 직접 추대로 뽑고, 그 규모 이상의 조직은 간접 추대로 뽑는다. 그러나 실제로 역사의 무대에서 정약용의 방식대로 리더가 선출된 적은 동서고금에 없다. 주목할 것은 통치자가 분쟁의 조정자로 등장한다는 점이다. 분쟁은 충돌과 갈등, 폭력을 수반한다. 평화를 갈등 없는 상태, 폭력 없는 상태로 규정한다면, 결국 지도자는 분쟁의 조정자이자 평화의 수호자인 것이다.

정약용의 대표서 『목민심서』 리더십의 핵심은 두 가지로 요약할 수 있다.

첫째가 시공간의 장악이다. 리더가 가장 먼저 해야 할 것은 무엇일까. 상황파악과 정보수집이다. 시간표 작성은 곧 시간을 장악하는 것이다. 일을 잘 아는 체하고 아랫사람에게 묻기를 부끄러워하여 두리뭉실 의심스러운 것을 그냥 삼킨 채 다만 문서 끝에 서명하는 것만 착실히 하다가는 조직을 장악할 수 없다. 리더는 업무의 시간표를 만들어 반드시 스스로 어기지 않아야 하며, 팔로워에게도 기한을 철저히 지킬 것을 엄히 단속해야 한다. 또한 지도를 그리는 것은 공간을 장악하는 것이다. 정약용은 지도에 부임지의 강줄기와 산맥은 실제와 꼭 같게 그리게 하고, 동서남북의 방위를 표시하게 하였으며, 이름과 거리, 인구를 모두 적시하게 하였고, 큰길과 작은 길, 다리, 나루터, 고개, 정자, 객점, 사찰 등을 모두 그리도록 하였다. 게다가 이 지도는 아주 상세할 필요가 있다.

『목민심서』 리더십의 또 하나의 핵심은 바로 신뢰와 위엄이다. "사람들을 통솔하는 방법은 위엄과 신뢰일 뿐이다. 위엄은 청렴에서 나오고 신뢰는 충실함에서 나오니, 충실하고도 청렴할 수 있다면 사람들을 통솔할 수 있다." <『목민심서』 제5편 「이전」, 제2조 어중(馭衆), 제1항 >

정약용은 리더가 지녀야 할 덕목으로 위엄과 신뢰를 들었는데, 흥미로운 것은 위엄이 청렴에서 나오고 신뢰는 충실함에서 나온다는 것이다. 청렴은 리더의 의무이며, 모든 선의 원천이자 모든 덕의 근본이다. 청렴하지 않고 리더가 될 수 있는 자는 없다. 청렴한 사람(淸士)은 지나가는 곳마다 숲과 샘과 돌까지도 모두 맑은 빛을 띨 것이라고 하였다. 또한 신뢰는 약속을 지키는 데서 얻어진다. 리더는 신뢰를 생명처럼 여겨야 한다. 신뢰는 어디에서 오는가. 신뢰를 얻기 위해서는 사심을 부려서는 안 되며, 언제나 공명정대해야 한다. 이렇게 리더십은 청렴에서 드러나는 위엄과 충실함에서 드러나는 신뢰의 결합을 통해 완성된다.

최근 대한민국은 대선을 치렀다. 리더의 위엄은 스스로의 위압적인 자세나 행사가능한 강제력에서 나오는 것이 아니라, 신뢰를 통해 얻어지는 것이다. 대한민국 국민의 리더들은 위엄을 갖추고 있는가, 신뢰를 얻고 있는가? 국민에게 한 약속을 당연한 듯 여반장으로 여기고, 장악력을 행사하여 위엄을 갖추려고 하는 리더들은 곧 신뢰를 잃고 위엄을 빼앗기게 될 것이다. 민주사회의 정권은 정치역학의 추세에 따라 바뀌는 경향이 있다. 새 리더들이 국민의 신뢰를 통해 위엄을 얻게 된다면 국민에게는 행복이 될 것이다.

황병기 | 서경대

우남 이승만의 자립국가를 향한 리더십

이승만(李承晩, 1875-1965)

대한민국 초대 대통령 우남 이승만(雩南 李承晩 1875 – 1965)에 대해서는 '국부'로 추앙받거나 '독부'로 폄훼되는 상반된 평가와 시선이 한국사회에 존재한다. 하지만 모든 사물이 다면으로 구성되어 있듯, 인물에 대한 정의가 단면에 그칠 수 없다. 또한 이승만에 대한 연구와 평가에 있어서 소수의 자료들이 반복적으로 인용되고 있는 측면도 쉽게 찾아볼 수 있다. 이승만이 직접 저술한 글을 토대로 "있었던 그대로" 이승만이 견지했던 리더십의 근간을 확인할 필요가 있다.

이승만은 한성감옥 수감 시기(1899–1904) 이미 서구 민주주의의 구체적 구조를 파악하고 있었다. 이승만이 감옥에서 저술한 『독립정신』에서 헌법 정치를 강조하는 동시에 미국과 프랑스의 독립과 변혁을 중요하게 다루며, '백성'의 권리를 강조한다. 『청일전기』에서는 서구 민주주의 제도를 하나의 선진적 운영시스템으로 이해하여 속히 행정에 도입할 것을 주장한다. 1914년 2월 『태평양잡지』에서는 미국의 헌법이 기초가 되는 국가를 그려내고 있다. 이승만에 있어서 서구, 특히 미국식 민주주의는 자강과 독립을 위한 구체적 운영시스템이었다.

한국 사회에서 이승만에 대한 많은 오해 중 하나는 그가 처음부터 '냉혹한 반공 투사'였을 것이라는 인식이다. 하지만 이승만은 일제시기 독립운동의 전략으로 소련·공산주의와 협력을 모색하기도 했다. 대한제국기부터 이승만은 러시아의 야욕을 경계하는 공로(恐露)인식을 견지했으나, 1923년 "공산당의 당부당(當不當)"에서 공산주의의 합당한 부분으로서 '인민의 평등주의'를 꼽았고, 사상적 대립보다 민족의 단결을 우선했다. 1921년 대한민국임시정부 임시대통령으로서 소련에 대표단을 파견하기도 했고, 1933년 그가 소련 입국 직후 추방된 상황에서 주변에 추방 사실을 알리지 말기를 당부했다. 이승만은 미국식 민주주의를 민족의 자강과 독립을 위한 기반으로 세웠지만, 동시에 공산주의와 협력도 모색한 측면이 있다.

제2차 세계대전 종전 직후 이승만은 공산주의 경제정책의 장점을 짚기도 했지만, 동유럽에서의 공산화와 국내 공산세력의 유사성을 확인하며, 강한 반공으로 선회한다. 1948년 제주4.3사건, 국군14연대반란사건, 1949년 중국 공산화를 겪으며, 이승만의 공산주의와의 비타협적 입장은 더욱 강화된다. 공산세력의 위협 강화는 이승만에게 대미 군사원조를 더욱 절실하게 했다. 이승만은 유럽에서 미국이 소련에 대한 군사봉쇄의 일환으로 조직한 북

대서양조약기구(NATO)와 유사한 태평양동맹을 주창했으나 미국은 참가를 거절했다. 이에 이승만은 한국 진해에서 1949년 8월 장개석(蔣介石)과 태평양동맹 결성 요청성명을 발표했다. 이는 한국의 자립적 반공체제 구축을 염두에 둔 전략이었다.

이승만의 국가건설을 위한 반공과 자립정책은 미국과 마찰을 빚게 했다. 6.25전쟁 발발 후 미국의 한국에 대한 원조는 막대했으나, 한국의 부흥 지향 정책 대 미국의 안정 지향 정책은 대립했다. 한국은 비료공장 등 사회생산 기반을 구축할 생산재 지원을 요청했지만, 미국은 민생문제 안정을 위한 소비재 중심의 지원을 결정했다. 또한 이승만은 다른 국가에 비해 미국의 한국 원조규모가 지나치게 작고, 원조물자 분배에 대한 한국의 결정권 없음을 비판하며, "우리와 관계없는 물품을 가져온다면 그 원조를 받지 않겠다"라고 입장을 표명하기도 했다. 아이젠하워 미국 대통령은 "이승만은 너무나 불만스러운 동맹이며, 가장 심한 말로 비난하지 않을 수 없다"라고 기록했다. 미국은 한국에 가장 강력한 동맹국이자 지원국이었음에도 불구하고, 이승만의 자립국가건설 구상은 미국의 계획을 훨씬 능가하는 것이었고, 이에 따른 마찰은 피할 수 없었다.

미국의 소비재 중심의 지원에 대응하여 1950년대 중반 한국정부는 비료, 시멘트공장을 건설하기 위해 분산된 물자를 생산시설에 집중투자하는 정책을 세웠다. 또한 밀, 면, 설탕 같은 수입제품을 국내 생산으로 전환하는 수입대체산업을 진행했다. 이러한 한국의 자립적 경제정책을 통해 1958년 충주비료공장이 가동됐고, 이에 필요한 철도시설이 구축되었으며, 공장 주변의 완성도 높은 주택시설을 모델로 서울, 경기지역의 주택건설이 연계적으로 진행됐다. 또한 제1공화국시기 사회 여러 부분에 자립국가 기반이 구축됐다. 관광산업의 확대는 규정의 신설과 함께 도시와 자연의 시설, 지대, 도로 등에 대한 정비작업을 본격화하게 했다. 교육분야에서 초등학교 취학률은 99%에 달했으며, 이승만은 미국 외 북유럽이나 오스트리아 같은 국가들에 대한 유학을 장려했다. 1948년 5.14단전사태로 에너지문제를 절감했던 이승만은 1958년 원자력법을 제정했으며, 1959년 시험용 원자로 Triga Mark II를 확보하는 성과를 거뒀다. 이러한 자립적 산업기반의 구축은 이후 한국 사회발전의 토대가 되었던 것이다.

이승만은 자강과 독립을 위해서 자유가 중심이 되는 미국식 민주주의를 국가건설의 모델로 삼았다. 이러한 목표는 해방된 한국과 제1공화국 시기에도 유지되고 있었다는 점을 확인할 수 있다. 그럼에도 불구하고 이승만은 민족과 국가에 이익이 된다면 사상적으로 대치상태였던 공산주의와도 협력할 수도, 한국의 가장 강력한 지원국인 미국과도 대립할 수도 있었다. 현재의 이승만 연구는 극단에 위치해 있다. 이승만과 관계된 원자료들을 적극 활용해 정형화된 이승만 연구에서 벗어나, 다층적인 인식, 사상, 정책에 대해서 분석할 필요가 있다.

양준석 | 국민대

도산의 대공(大公)정신과 레스 푸블리카

안창호(安昌浩, 1878-1938)

　최근 「민족독립혁명가 도산 안창호 평전」(2021)을 저술하신 신용하 선생은 필자에게 "도산 없는 항일독립투쟁을 상상할 수 없다. 도산의 항일독립투쟁은 해방 후 대한민국 수립과 민주화운동의 초석이 되었다. 선진국 반열에 오른 대한민국은 도산에게 크게 빚지고" 있다고 말씀하셨다.

　도산의 항일투쟁 목적은 독립만이 아니었다. 도산이 18세에 독립협회에

가입한 후 목숨 걸고 추구한 필생의 비전은 민주공화국의 실현이었다. 도산은 공적 삶의 표준을 민주공화국에서 찾았다. 민중에 대한 한없는 사랑과 깊은 신뢰는 도산의 공적 삶과 활동의 특징이었다. 도산의 나라 사랑은 곧 민주공화국 사랑이었다.

1898년 한 여름날 광무황제 생일에 맞추어 평양 대동강 변에서 만민공동회가 열렸다. 수많은 군중 앞에서 스무 살의 도산은 관료부패를 통렬히 성토하며 백성이 나라의 주인임을 설파했다. 청년 도산은 국권이 쇠잔해진 구한말 독립협회가 마련한 공적 자유의 공간에서 필생의 민주공화국 비전을 선포하고 리더십 항해를 시작했다.

1919년 3·1혁명은 민중 한 사람 한 사람을 나라의 주인으로 일깨워 나라를 되찾고 바로 세우려고 헌신했던 도산과 그의 강연을 듣고 새 사람으로 거듭난 남강 이승훈의 독립교육운동이 맺은 열매였다. 도산이 없는 3·1혁명과 상해 대한민국 임시정부는 상상할 수 없다. 도산이 없었다면, 대한민국의 근현대사와 헌법은 다르게 쓰였을 것이다. 미국 컬럼비아 의과대학을 졸업한 의사로서 세계적 의학학술지에 여러 편의 논문을 발표했고 독립협회를 세웠으며 「독립신문」을 창간한 독립운동가 서재필 박사는 1938년 자신보다 14살이나 어린 도산의 별세 소식을 듣고 다음과 같은 추모사를 남겼다. "세계에는 비천한 환경에서 태어나 뒷날 조국의 지도자가 되어 위대한 일을 한 인물이 가끔 있는데, 미국의 링컨과 함께 안창호가 바로 그런 사람이다. 안창호는 빈곤한 시골 가정에서 태어나 정식교육을 받지 못했음에도 높은 이상을 품고 스스로 공부하여 방대한 지식과 높은 상식을 갖춘 고결한 성품의 지도자가 되었다. 만일 안창호가 링컨과 같은 기회를 얻었더라면 더 위대한 일을 이루었을 것"이라며 슬퍼했다.

도산이 가는 곳에는 어느 곳이나 공화국이 생겨났다. 조국에 더 크게 봉사하기 위해 미국 유학길에 오른 도산은 이민 동포의 무너진 삶을 목격하고 학업을 뒤로 미루고 '파차파 공화국'을 세웠다. 동포사회와 미국인을 놀라게 만든 파차파 공화국은 자치규약에 따라 선출된 자치위원 3인과 자치경찰 2인이 이끈 자치공동체였다. 마을공회당 전면에 한국의 태극기와 미국의 성조기가 펄럭이는 파차파 공화국에는 모든 주민이 공부하는 야학이 개설되었다. 1905년에는 독립운동단체 공립협회 창립과 함께 「공립신보」가 창간되었다. 미국 교민사회에 이어 멕시코 교민사회에도 자치와 협동의 공화국이 세워졌다. 1907년 도산이 귀국해 만든 신민회는 한국 근현대사에서 최초로 민주공화정을 표방한 비밀결사체였다. 1919년 도산이 낳은 상해 임시정부는 민주공화제를 채택한 「대한민국 임시헌장」을 제정했다. 도산이 독립운동의 근거지로 만주에 설립하려고 구상했던 '한인 모범촌' 역시 주민이 스스로 자치규약을 정하고 주민이 뽑은 리더가 이끄는 마을공화국이었다.

도산은 상해 대한민국 임시정부를 창건했지만 3개 분파로 분열된 독립세력의 통합을 위해 주변의 만류를 뿌리치고 '노동국 총판'이라는 미관말직을 맡은 서번트–리더였다. 도산은 임시정부 밖 독립운동 세력의 온갖 비방과 음해, 분란과 불화 속에서도 젊은 차장들과 힘을 모아 섬김의 자세로 임시정부를 이끌었다. 이승만과 이동휘 등 많은 이들이 제 욕심과 명예를 위해 끝없이 다퉜지만, 도산은 어버이의 심정으로 임시정부를 세워 지켜냈다.

상해 임시정부의 경무국장에 임명된 김구는 도산을 깊이 존경하여 크고 작은 모든 일을 의논하고 그의 지도에 따라 행동했다. 임시정부에서 도산과 함께 생각하고 행동했던 2년의 기간이 없었다면, 백범 김구 선생이 과연 임시정부를 끝까지 붙잡고 지켜나갔으리라고 장담할 수 없다.

1932년 윤봉길 의사의 상해 홍구공원 폭파사건 후 일제 경찰에 붙잡힌 도산은 "앞으로도 독립운동을 하겠느냐?"고 다그치는 검사에게 "나는 지금까지 밥을 먹어도 잠을 자도 민족을 위해 먹고 잤으니 앞으로도 민족을 위해 일하고자 함에 조금도 변함이 없다."라고 응수했다.

1935년 2년 반의 옥고를 치르고 나와 동포를 만난 자리에서 도산은 "우리 민족이 이렇게 불쌍한 지경에 있는데, 지도자라는 이들이 서로 당파싸움만 하고 있으니…"라며 말을 잇지 못하고 흐느껴 울었다. 수양동우회 회원이었던 백영엽 목사가 마련한 환영회에서 도산은 무릎을 꿇고 기도하다가 흐느끼며 "저는 이 민족의 죄인입니다. 이 민족이 저를 이렇게 위로해 주는데, 저는 민족을 위해 아무것도 한 일이 없습니다. 저는 죄인이로소이다."라며 기도를 맺지 못했다.

일제는 1937년 또다시 도산을 투옥하고 포섭하려 시도했으나 실패하자 잔악하게 고문했다. 마침내 돌이킬 수 없는 중병에 든 도산은 일본검사의 심문에 "조선의 독립은 반드시 실현될 것"이라고 대답했다. 그해 12월 병보석으로 풀려난 도산은 80여 일 동안 병원 침대에서 사투를 벌이다가 "낙심 마시오."라는 한마디 유언을 남기고 숨을 거두었다. 인간의 정신에 희망의 근거와 이유가 있다.

도산은 위대한 삶을 살았다. 도산의 레스 푸블리카 대공 비전과 희생 위에 대한민국은 선진국 반열에 올라섰다. 그러나 도산의 비전은 아직 미완의 상태다. 복합위기의 시대 여전히 나라가 두 동강이 난 채 북한에서는 핵무기를 앞세운 세습 독재가 계속되고 있고, 남한의 민주공화국에서는 진영 적대정치가 이어지고 있다. 이제 우리가 도산 선생의 대공정신을 이어받아 복합위기 극복과 고품격 통일민주공화국 실현에 나서야 할 때다. 이것이 도산의 희생과 헌신에 조금이라도 보은하는 길이다.

안성호 | 대전대

민족의 천석종(千石鐘)을 울린 만해 한용운

한용운(韓龍雲, 1879-1944)
1919년 수감사진[1]

삼일운동 직후 체포되어 서대문형무소에 갇힌 한용운(1879－1944)은 수
감자용 프로필 사진을 찍어야 했다. 고개를 약간 숙이고 시선은 정면 오른
쪽을 향했다. 빡빡머리에 피골만 앙상한 얼굴이 영 볼품없는 인상이다. 하
지만 뭔가 달랐다. 왼쪽 입꼬리가 약간 올라간 모양이 누군가를 비웃는 듯

1) 출처: 국사편찬위원회 한국사데이터베이스

보인다. 그보다도 형형한 눈빛이 어떤 결의처럼 강렬한 전언을 함의하고 있다. 그렇게 두 눈에서 뿜어져 나오는 압도적 광채는 흐린 흑백 이미지 속에서도 선명히 빛났다. 보존번호 '七五六'이 필름에 각인된 한용운의 수형기록 카드 사진이었다.

한국사에 길이 남을 저 처연한 사진을 기록하기 40년 전 충남 홍성의 어느 시골, 몰락한 잔반(殘班) 가계에서 한용운은 태어났다. 현대사의 비극이 여명처럼 한반도를 잠식하던 구한말, 한용운은 비록 가난하지만 의협심 강한 청년으로 자랐다. 21세에 무작정 길을 나서 강원도 인제 등지를 전전하였고, 27세에 다시 백담사를 찾아 수계(受戒)를 받고 본격적인 불자의 길을 걸었다. 비상했던 인물 한용운은 불심도 깊어 개혁의 기치를 들고 40세가 되던 1918년 월간지 『유심(唯心)』을 창간하였다. 종교와 문화와 현실의 지평을 꿰뚫는 선각자적 실천이었다.

운명의 1919년, 한용운은 손병희나 이승훈 등과 함께 삼일운동을 기획하고 최남선이 작성한 「독립선언서」의 자구 수정 및 공약삼장을 추가하였다고 알려져 있다. 투옥 후에는 경성지방법원 검사장에게 제출할 대변서로 「조선독립의 서」를 작성하였다. 5장으로 구성된 이 대문장의 서두는 다음과 같이 시작된다. "자유는 만물의 생명이요 평화는 인생의 행복이다. 그러므로 자유가 없는 사람은 죽은 시체와 같고 평화를 잃은 자는 가장 큰 고통을 겪는 사람이다. 압박을 당하는 사람의 주위는 무덤으로 바뀌는 것이며 쟁탈을 일삼는 자의 주위는 지옥이 되는 것이니, 세상의 가장 이상적인 행복의 바탕은 자유와 평화에 있는 것이다."(『만해 한용운 논설집』) 지금 읽어도 국가나 민족, 기타 모든 경계를 초월하는 보편적 질서이자 존재론이 아닐 수 없다. 출옥 후에도 한용운은 신간회 발기 등의 독립운동과 불교 대중화에 헌신하였다. 1929년에는 광주학생항일운동의 전국적 확장을 위해 서울 민중대회를 준비하는 과정에서 체포되어 서대문형무소에 재수감되기도 했다. 그렇게 조국과 민족, 불교와 문화를 위해 일생을 바친 그는 해방을 한 해 앞두고 성북동 심우장(尋牛莊)에서 입적하였다.

현대를 사는 한국인이라면 가끔 이런 질문을 품는다. 과연 우리에게 존경할 만한 지도자가 있는가? 대통령에게조차 매일 원색적 비난이 쏟아지는 소위 디지털 민주화의 시대를 우리는 살고 있다. 이런 현상은 결코 지금 당대에만 국한되지 않는다. 현대사를 되돌아보면 보수와 진보를 떠나 대부분 위정자들에 대한 불신이 점철되었다. 그 원인은 일제 강점과 분단이라는 선험적 배경 위에서 집적되어 왔다.

20세기 지도자가 21세기의 우리에게 전하는 교훈은 무엇인가. 무엇보다 만해 문학에 담긴 세계적 지평에 주목해야 한다. 일찍이 아시아권 문학장에서 내셔널리즘의 폭력성을 비판하고 전 세계 담론장에 공고화한 사람은 타고르였다. 그가 1913년 『기탄잘리』로 노벨문학상을 받은 사건은 식민지 조선의 지식인들에게도 큰 반향을 일으켰다. 1926년 간행된 『님의 침묵』 속의 한 편인 「타고르의 시(GARDENISTO)를 읽고」는 "벗이여 부끄럽습니다 나는 그대의 노래를 들을 때에 어떻게 부끄럽고 떨리는지 모르겠습니다/ 그것은 내가 나의 님을 떠나서 홀로 그 노래를 듣는 까닭입니다"라고 노래했다. 한용운 시는 우리의 문학이 곧 세계적 담론체로서의 그것이라는 사실을 증거한다. 그는 타고르식 담시 혹은 선시의 가능성을 한국 문학장 속에 정착시켰다. 패러디라는 창작 기법을 초국가적 경계에서 실천한 선구적 사례가 아닐 수 없다. 또한 『님의 침묵』은 타고르의 비의적 주술이 지니는 추상성에 대한 비판적 전유이기도 하다. 이를 대변하는 정서가 위 작품을 관류하고 있는 화자의 부끄러움일 것이다.

한용운은 문화의 세계적 지평을 간구하는 동시에 민족의 대립과 반목을 넘어서는 실천적 리더십의 소유자였다. 이 글 모두에서 수형기록카드 속 한용운의 고개가 삐딱하다고 묘사했다. 그건 의도적 포즈가 아니었다. 한용운은 을사늑약 이듬해에 더 넓은 세계를 보기 위해 블라디보스토크를 답사한다. 이때 친일 단체 일진회(一進會) 회원으로 오인받아 조선 청년들과 생사를 건 격투를 벌였다. 경술국치 이후에는 독립운동 관련 지역을 돌아보고자 만주를 다녀온 바 있다. 거기서는 일본 정탐꾼으로 오인되어 독립군 청년에 의해 얼굴에 총상을 입었다. 어찌 보면 극단적 내셔널리즘이 가한 폭력이었고, 절로 머리가 흔들리는 만해의 체머리 증상은 그런 테러의 후유증이었다. 그럼에도 불구하고 모두를 아우르는 포용의 리더십이 한용운의 것이었다.

김삼웅의 『만해 한용운 평전』은 남명 조식의 글을 빌려 천석 무게의 종을 울리는 거대한 방망이에 한용운을 빗대었다. 실로 만해는 불자였지만 종교를 넘어 문화에 이르렀고, 강력한 지도자였지만 서툰 인간의 모습으로 대중 곁을 살았다. 그이 자체가 성과 속을 겸비한 큰 종인 셈이다. 『님의 침묵』역시 그가 남긴 유일한 시집이자 민족의 유산으로 여전히 현전하고 있다. 이 또한 운명이리라. 우리에게는 시대의 진정한 어른, 지구촌 문화 전쟁을 이끌 리더, 정녕 그리운 선생의 대명사로 만해 한용운이 있다.

남기택 | 강원대

단재 신채호의 사상적 실용주의와 자기 혁신의 셀프리더십

신채호(申采浩, 1880-1936)

근현대 미국의 대표적인 실용주의 사상가들은 이념이나 사상의 독자적 가치를 주장하는 전통적 사고를 거부하고, 사상의 도구적 성격을 강조한 바 있다. 듀이(John Dewey, 1859－1952)는 "사상은 식탁 위의 포크"라고 표현 한 바 있고, 제임스(William James, 1842－1910) 역시 진리는 "현금가치 (cash－value)"라고 말함으로써 특정 이론이나 사상은 그것이 구체적인 결과를 야기할 경우에만 가치를 지닐 수 있음을 명확히 하였다.

우리의 근현대사에서 이념과 사상의 도구적 성격을 간파하고 실천한 인물을 꼽으라면, 20세기 '지식인 리더십'(intellectual leadership)의 표상인 단재 신채호(丹齋 申采浩, 1880－1936) 선생을 단연 떠올리게 된다.

충청도 출신(大田)인 단재의 성격을 묘사할 때는 흔히 특유의 완고함과 고집이 거론되곤 한다. 그러나 이것은 정확한 표현이 아니다. 고집이란 상대방이 나보다 더 나은 입장을 제시하더라도 그것을 근거 없이 혐오하고 질타하는 태도이기 때문이다. 이에 반해 단재는 한 번 세운 전략(What to do)은 절대로 바꾸지 않았으나, 시대와 상황에 따라 전술(How to do)은 유연하게 변화시켰다. 즉 단재는 사상가로서 자신의 옳음을 확신했지만, 동시에 현실에서 구현되지 못하는 이론은 탁상공론에 불과함을 명확히 인식하였고, 이에 조국의 독립과 정신의 자유라는 전략적 성과를 도출하기 위해 부단히 사상적 변신을 시도했던 것이다.

주지하듯이 단재는 국권침탈이 본격화된 이후로 유년시절부터 관심을 보였던 한반도 역사연구에 본격적으로 투신하여, 이미 중년기로 접어들기 전에 유교적 중화주의 역사관과 지배자 중심의 왕조사관 그리고 일본의 제국주의 식민사관을 사상적으로 완전히 극복하였다. 나아가 단재는 이른바 경술국치 직전부터 시작된 망명생활의 극한상황 속에서도 당시 동아시아에 소개된 서구 근대학문의 내용과 방법론을 주체적으로 해석하고 응용하는 방식으로 자주적이면서도 웅혼한 민족주의 역사학을 완성한 바 있다. 이 과정에서 단재는 당대의 식자층이나 사회 주류세력과 상당히 차별화된 행보를 펼쳤다. 예컨대 단재는 구한말의 절박한 시대상황을 목격한 직후, 초년시절부터 사고와 행동의 기준이었던 전통 유학, 특히 성리학적 사유체계가 시대의 변화에 대처하지 못함을 강력히 비판하였다. 약육강식의 제국주의가 득세하는 세상에서 사실상 탁상공론으로 전락한 전근대적 '시시비비론'(是是非非論)을 '이해'(利害) 중심의 현실주의 가치체계로 하루라도 빨리 전환시켜야 했기 때문이다. 이에 약관의 청년 신채호는 성리학의 빈자리를 당시 동서양을 막론하고 새롭고 유력한 사상으로 평가받던 '사회진화론'으로 대체하였다. 그러나 이것은 외래사상에 대한 또 다른 형태의 무비판적 수용이 아니라, 당시 쇠퇴해가던 조선의 국력을 일거에 신장시키고 오랜 세월 지속된 모화사상(慕華思想)으로 인해 망각과 소멸의 위기에 처한 민족정기에 새로운 활력을 불어넣는 도구이자 방편으로 활용된 것이다.

이후 단재는 평생의 과업이 된 민족주의 역사학을 정립하는 과정에서, 그 유명한 '아(我)와 비아(非我)의 투쟁' 테제를 제시하였다. 그런데 일반적인 오해와 달리 단재는 '아'를 어떤 불변하는 실체적인 존재로 간주하거나, 비아를 끝없이 대립하고 극복해야 할 영원한 타자로 여기지 않았다. 단재의 관점에서 보면, 오히려 아는 비아와 조우하고 이어지는 갈등상황을 겪으면서 내면에 자기 자신을 되돌아보는 계기를 자연스럽게 형성하게 된다. 즉 아(비아)는 자신의 인식대상이며 타자인 비아(아)에게 직접적으로 영향을 주는 행위적 존재이면서도, 동시에 비아(아)와의 상호작용을 통해 자신을 되돌아보고 스스로를 새롭게 정립하고자 욕구하는 존재로 규정될 수 있다. 이처럼 아와 비아는 상호 간의 만남과 뒤이은 영향력 행사의 욕구로 인해 갈등을 유발하기도 하지만, 그 과정에서 역설적으로 각자가 자신을 제대로 이해하는 동시에 서로를 실질적으로 변화시키는 결과를 야기하는 것이다. 이러한 입장은 세상 만물을 어떤 고정불변의 실체로 간주하는 동서양의 전통적 사고와 차별화될 뿐만 아니라, 물질과 정신의 영역에서 도래하는 모든 새로운 만남은 궁극적으로 자아 발전의 계기이자 수단이 될 수 있다는 긍정적·실용적 가치관의 토대가 된다. 이처럼 단재가 청년시절 하나의 숭고한 목표(민족자강과 국권회복을 통한 육신과 정신의 자유 획득)를 세운 이후 뤼순감옥에서 순국하기 전까지 지속된 새로운 사상의 수용(사회진화론, 민족주의, 아나키즘 등) 그리고 이와 연결된 수차례의 사유의 변화는, 현실적 안목에서 철저히 실용적 애국주의 노선을 견지한 결과였다.

2023년 현재 한국사회는 해방 직후 분단과정에서 시작된 좌우간의 이념 대립을 극복하지 못한 채 여전히 사상적 분열과 감정적 대립을 지속하는 형국이다. 백여 년 전 만주와 연해주 등지를 누비며 보여준 단재의 사상적 유연성과 실용주의적 태도는 21세기 한국사회의 오피니언 리더들이 새롭게 음미하고 계승해야 할 정신적 유산이라고 단언할 수 있다.

서영식 | 충남대

나라 없던 시대의 '참 정치가', 여운형의 리더십

여운형(呂運亨, 1886-1947)

미즈노 렌타로, "그대는 조선을 독립시킬 자신이 있는가?"
여운형, "그대는 조선을 통치할 자신이 있는가?"

1919년 11월 여운형이 총독부 정무총감 미즈노 렌타로와 나눈 대화이다.
미즈노와 악수하며 여운형은 "경성역에서 강우규 동지의 폭탄이 터졌을 때

얼마나 무서웠느냐?"는 도발적인 질문을 던졌다. 이에 당황한 미즈노의 발언과 이를 맞받아친 여운형의 발언이다. 상대를 역습하는 대담한 언변의 소유자였음을 짐작하게 한다.

몽양(夢陽) 여운형(呂運亨, 1886‒1947)은 우리 근현대사, 그중에서도 '나라 없던 시대'인 일제강점기와 해방공간을 치열하게 살다 간 인물이다. 그는 일제가 패망하는 마지막 순간까지 적극적으로 독립운동과 건국준비운동을 전개했고, 8.15 직후 권력 공백기의 혼란 상황을 지혜롭게 이끌었으며, 분단의 위험성을 가장 빨리 감지하고 통일운동에 힘썼던 인물이다. 그의 존재를 빼고 우리 근현대사를 들여다보는 것은 마치 '주인공 없는 드라마'를 보는 모양새일 것이다.

이 시대를 치열하게 살다 간 인물에게는 흔히 '독립운동가, 민족지도자' 등의 타이틀을 부여한다. 물론 여운형도 여기에 가장 걸맞는 인물이다. 그런데 그에게는 어울리는 이름이 하나 더 있다. 바로 '정치지도자'라는 타이틀이다. 안타깝게도 오늘날 우리에게 '정치, 정치가, 정치적', 이런 단어들은 그리 고운 뉘앙스로 다가오지 않는다. 그래서 그에게는 '참 정치가'라는 타이틀을 하나 더 부여하고 싶다. 정치가에게 필요한 중요한 덕목 가운데 하나가 바로 리더십이다. 여운형에게서 확인되는 참 정치가로서의 리더십, 이를 발휘하게 하는 남다른 덕목들은 그의 전 생애를 통해 확인된다.

첫째, 역사의 방향을 꿰뚫는 판단력과 실천력의 소유자였다. 그는 누구보다 시대와 역사의 흐름을 폭넓고도 정확하게 읽고 그 요구에 따라 실천할 줄 아는 지도자였다. 대표적으로 1918년 중국 상하이에서 신한청년당을 조직하여 1919년 파리강화회의에 민족대표를 파견함으로써 3.1운동의 기폭제를 만들어냈다는 사실이다. 임시정부 기관지 『독립신문』에서도 이를 "정숙(표면상)하던 한토(韓土) 삼천리에 장차 일대풍운이 일어날 징조"라고 평가하였다. 또 8.15 직전에는 일제 패망과 조선 독립을 예견하고 비밀결사 조선건국동맹을 조직하여 독립·건국 준비운동을 전개했으며, 8.15 이후에는 분단의 위험을 예견하고 끝까지 좌우합작운동을 추진하였다.

둘째, 적과 아를 넘나드는 외교의 달인이었다. 그는 누구보다 사상과 이념의 스펙트럼이 넓었고, 이 점은 현실에서 탁월한 외교력으로 발휘되었다. 젊은 시절 그는 국내와 상하이에서 기독교 전도사로 활동했고, 기독교 사상을 운운하면서 한국 최초로 마르크스의 「공산당선언」을 번역하였다. 수시로 쑨원, 장제스, 마오쩌둥을 만나고 러시아의 레닌, 트로츠키까지 만났다. 심지어 일본 수상이나 군부대신, 총독이나 정무총감도 접촉했다. 8.15 이후에는 유창한 영어로 미군정청을 드나드는가 하면, 십여 차례나 38도선 이북의 김일성 등과도 접촉하였다. 이러한 점은 그를 특정한 이념의 소유자, 즉 '××주의자'라고 단정하기 어렵게 만들었다. 늘 우파로부터는 공산주의자, 좌파로부터는 기회주의자라고 공격을 받았고, 여전히 어떤 이는 민족지도자라며 존경하고 어떤 이는 친일파라고 매도한다.

셋째, 늘 대중과 함께 한 신뢰의 정치지도자였다. 그는 15년간의 망명 생활 동안 5선의 상하이 교민단장을 지냈다. 1932년 출옥 후에는 국내에서 조선중앙일보사 사장, 조선체육회 이사 등을 지내며 강연과 결혼식 주례, 스포츠대회, 웅변대회 개최 등을 통해 청년대중과 접촉면을 넓혀갔다. 당시 세간에는 "조선일보 광산왕은 자가용으로 납시고, 동아일보 송진우는 인력거로 꺼떡꺼떡, 조선중앙일보 여운형은 걸어서 뚜벅뚜벅"이라는 말이 돌 정도로, 늘 대중 곁에 있는 인물로 비쳤다. 이를 통해 그는 독립운동가를 넘어서 존경받는 대중 정치가로서의 이미지까지 쌓아갔다. 8.15 직후 주한미군 사령관 하지가 "남쪽에서 대통령 선거를 하면 국내파 여운형이 당선된다. 그 다음은 중국파 김구이고, 미국파 이승만은 세 번째다"라고 미국 정부에 보고했다는 것은 잘 알려진 사실이다. 1947년 그가 테러로 사망했을 때 한국 최초로 인민장(人民葬)이 치러진 것도 우연은 아니었다.

이처럼 여운형은 대중의 신뢰에 기초한 통찰력 있는 리더십을 지닌 정치

지도자였다. 그의 바람은 오로지 조국의 독립과 해방, 인민에 기초한 하나
된 민족·민주국가 건설뿐이었다. 그리고 이 바람은 현재진행형으로 남아
있다.

변은진 | 전주대

가인 김병로가 보여준 공정과 정의의 실천 리더십

김병로(金炳魯, 1887-1964)

　가인 김병로(1887－1964)는 일제 강점기 인권변호사로 독립운동가를 변호하고, 해방 후에는 대한민국 초대 대법원장으로 대한민국 사법의 기틀을 만들고, 전쟁 이후 요동치는 정치적 갈등 속에서 신변의 위협을 무릅쓰고 추상같은 비판으로 헌법의 보호를 끌어냈던 현대사의 중요한 인물이다. 그러나 그의 영웅 같은 프로필 뒤에는 글로 읽기에도 벅찬 고난과 인내가 가득하다. 이 지면은 정의와 공정이 사치이기만 하던 시절, 기구하기 짝이 없을 만큼 황량한 시대에 스스로 가혹하리만큼 엄격했던 가인 김병로의 실천적 리더십을 생각하는 공간으로 할애해 보고자 한다. 한 페이지 남짓한 공간에 그의 삶의 궤적을 묘사한다는 것은 어렵지만 단 몇 줄의 정보라도 있어야 '자연인으로서 그리고 리더로서의' 가인 김병로를 제대로 느낄 수 있을 것 같아서 적어본다.

김병로는 1887년 산간벽지였던 순창에서 태어나, 부모를 일찍 여의고 조모의 인도로 초등교육을 받았다. 청년기에 목포항에 나왔다가 일본의 군함을 보고 크게 충격을 받아, 의병항쟁과 학교 운동을 하였다. 얼마 후 일본으로 건너가 나라 없는 이의 서러움을 견디며 법학공부를 하고, 고국으로 돌아와 독립운동가와 국민들을 변호하며 일본을 상대로 추상같이 싸웠다. 가인 김병로는 일제의 탄압이 더욱 가혹했던 일제 말기, 황민화를 끝까지 거부하였고, 해방이 되고 난 이후에는 대한민국 초대 대법원장이 되었다. 6.25 전쟁이 발발하기 전 가인은 아픈 다리를 제대로 치료받지 못하여 다리를 절단하는 수술까지 받게 됐는데, 그럼에도 불구하고 전쟁 중 아픈 몸을 견디며 대한민국의 기본법전을 만들었다. 초대 대법원장으로서의 김병로는 가장 혼란한 시기에 추상같은 법관의 윤리를 정립했고, 정치적 압박을 물리치며 고심하는 법관들의 든든한 배경이 되어 주었다. 1957년 12월 대법원장을 퇴임한 김병로는 정치적 혼란 속에 헌법의 정신을 지키기를 촉구하였고 호소했다. 가인 김병로는 1964년 78세로 별세했다.

"요즘 헌법 잘 계시느냐?" 이승만 대통령이 자신을 만나러 온 법무장관에게 대법원장 김병로의 근황을 물으며 했다는 말이다. 헌법과 법률을 들어 번번이 반대 입장을 고집하던 김병로의 강직한 성품에 대한 불편한 심경을 담은 말이었다. 시대가 혼란하니만큼 적당히 시류에 젖어갈 수 있었을 법도 한데, 가인은 헌법원칙과 민주주의를 들어 국가가 어떻게 운영되어야 하고 목적은 무엇인지 정교하고 단호한 법리로 전달했다.

"민주정치는 동의에 의한 정치이다. 그리고 그 동의는 토론과 합법적인 절차에 의하여 주권자인 국민의 주시하에 행하여져야 하는 것이다. 그것이 비록 고수의 의사일지라도 충분히 검토, 반영되는 점에 민주정치의 우수성이 있는 것이며, 다수결 원리도 이러한 태도에서만 민주정치의 자랑스러운 속성이 될 수 있는 것이다."(김병로, 이사파동유감, 사상계, 제68호, 1959.3, 20면)

대법원장이었던 그는 법관에 대한 대우가 좋지 않아 생계를 꾸리기에도 어려운 것을 늘 미안해하면서도, 법관이 정의를 사수하지 못하면 일반 국민들이 불행하다는 것을 누누이 강조하며, "사법관들은 오직 '정의의 변호사'가 됨으로써 3천만이 신뢰할 수 있는 사법의 권위를 세우는 데 휴식이 있어서는 안 된다"고 강조했다. 그의 공정과 정의의 저울은 일상에서도 절대 자신 쪽으로 기우는 법이 없었다. 6.25전쟁이 발발했을 때, 대법원장이었던 김병로는 가족들에게 '각자 살아남으라'는 말을 하고 손자 한 명만을 데리고 부산으로 남하하였다는 유명한 일화가 있다. 다른 공직자들은 공관 자동차를 이용하여 가족들과 재물을 피난시켰다지만, 그는 그러지 않았다. 결국 가족들은 뿔뿔이 흩어져 피난을 내려왔고 심지어 그의 부인은 공비에게 목숨을 잃었다.

그는 헌정 초기 가장 이루기 어려웠던 '사법의 독립'이라는 '헌법적 이론'을 '경험'으로 바꾸었고, 법관윤리를 정립했다. 김병로의 탁월한 지도력과 솔선의 자세가 없었다면 사법부의 독립과 위상은 불가능했을 것이다. 어려운 현실일수록 솔선하는 공정과 정의가 없이는 바로 설 수 없다는 것을 주지시키며 강력한 카리스마로 사법부를 이끌었던 김병로. 그를 지금의 한국의 현실과 맥락에서 읽는다면 리더의 자세와 조건을 새삼스럽게 관찰할 수 있을 것이라고 생각한다.

김희정 | 충남대

빈들에서 찾은 함석헌과 씨알의 리더십

함석헌(咸錫憲, 1901-1989)[1]

    대전 현충원에는 '애국지사 함석헌의 묘'가 있다. 연천에 있던 묘를 2006년에 이장해 온 것이다. 묘비석에는 함석헌이 남긴 시가 새겨져 있다. "나는 빈들에 외치는 / 사나운 소리, 살갗 찢는 아픈 소리 / 나와 어울려 부르는 너희 기도 품고 / 무한으로 갔다/ 내 다시 돌아오는 때는 / 이 나 소리도

---

1) 출처: http://ssialsori.net/

없이 / 고요한 빛으로 오리라!"

빈들에서 사납게 외치다가 고요한 빛으로 올 사람, 함석헌은 20세기를 대표하는 한국 최고의 지성인이다. 그는 숙명처럼 저항의 길을 걸었던 인물이다. 함석헌의 저항은 그의 시대 상황과 맞물려 있다. 그는 일제강점기와 군사정권의 무단정치기를 살아야 했다. 고난이 한국역사와 함께한 것처럼 그의 일생도 고난의 연속이었다. 그 고난 속에서도 그는 새날에 대한 희망의 끈을 놓지 않았다.

함석헌은 평생 불의와 맞서며 씨알 앞에 서서 그들을 계몽하여 이끌어나간 리더십의 소유자다. 여기서는 함석헌 리더십의 몇 가지 의의를 말해보기로 한다.

첫째, 함석헌은 씨알의 리더십 정신을 통해 한국역사를 풀이했다. 씨알이란 존재의 핵심으로 민중을 의미한다. 지금이야 다양한 사관을 통해 역사를 해석하지만, 그의 시대만 해도 역사는 지배자의 것이요 왕조의 소유물이었다. 함석헌은 기존의 역사가 도치된 역사였다고 보고, 이를 제자리에 돌려놓는다. 씨알이 주체가 되는 새로운 역사를 기획하고 서술한 것이다. 함석헌에게서 씨알의 역사는 뜻의 역사이며, 성서적 관점에서 해석될 수 있던 고난의 역사다. 그는 역사에서 고난이 제시하는 뜻을 이해하고 이겨내는 것이 씨알의 사명임을 강조한다.

둘째, 함석헌은 인간혁명의 철학을 통해 참된 인간상을 지향하는 인간 주체적인 리더십을 제창한다. '누구의 나와도 통할 수 있는 참나'의 중요성을 짚어낸 것이다. 그는 인간혁명이 생각함으로부터 비롯된다고 본다. 그래서 생각하는 씨알이라야 산다고 한다. 씨알은 생각하는 것이며, 생각하면 씨알이지만, 생각하지 못하면 쭉정이라고 한다. 그 씨알의 알은 하늘로부터 온 것으로 씨알은 알이 들어와야만 산다고 한다. 인간은 무엇을 지향하며 사느냐가 중요하다고 본 것이다.

셋째, 노장사상에 관심이 많았던 함석헌은 무위자연에 기반을 둔 정치적 비판의 리더십을 제창한다. 그는 노장을 은둔의 철학으로 해석하지 않는다. 권력자들의 욕망과 전횡, 무지를 비판하는 방편으로 노장을 이해한다. 정치를 작은 생선을 요리하는 것으로 이해하고, 또한 씨알을 건드리지 말고 그대로 놓아두라는 '재유(在宥)'의 철학으로 이해한 것은 모두 노장을 본받은 것이다. 함석헌은 노장사상을 빌어 당시 군사정권에 대항하였다. 그들이 휘두르던 야만의 정치는 노장이 말한 인위의 극치였다고 판단한 결과다. 노장의 무위가 위정자를 겨냥한 정치담론의 성격을 띤다는 점에 공명한 함석헌은 노장에게서 지배와 피지배가 사라진 평등의 세계를 읽어낸 것이다.

넷째, 함석헌은 하늘에 대한 믿음을 전제로 인간 상호 간의 소통을 요청하는 리더십을 제창한다. 함석헌은 자신을 하늘을 믿는 사람, 즉 '신천옹'이라고 했다. 신천옹은 알바트로스라는 새의 한자식 이름이다. 이 새는 보들레르가 노래한 것처럼, 하늘로 날아오르면 그 모습이 아름답기 이루 말할수 없지만, 인간세에 내려오기만 하면 하찮은 존재로 격하되고 마는 존재다. 함석헌은 이 새를 바보새라고 했고, 거기에 자신의 모습을 투영시켰다. 그러나 세상이 모두 비웃는다 해도 하늘에 대한 믿음을 저버리지 않는다면, 그는 하늘 같은 사람들이 서로 만나 상호 소통하는 세상을 이룰 수 있을 것이라고 노래했다.

한국의 간디라고 불린 함석헌은 자신이 '정치주의'라고 규정한 모진 정치적 현실과 투쟁하다가 생을 마쳤다. 인간의 야만이 만들어낸 정치주의는 곳곳에 전쟁을 발생케 했고, 개발독재를 통한 생태 환경의 파괴를 자행해 왔다. 함석헌은 평생 정치주의자들과 맞서 싸우며 바보새처럼 '무저항적 저항'을 통해 이 땅에 빛과 희망을 선사하고자 한 인물이다. 우리의 주변에서 바보새 같은 사람을 더 이상 찾기 어려워진 현실에서, 우리는 언제 함석헌과 같은 사람과 함께 빈들에 다시 서볼 수 있을까?

이종성 | 충남대

공존과 평화의 담론, 노자의 어머니 리더십

노자(老子, 춘추시대 초나라)

노자는 중국 고대철학자 중 보기 드물게 어머니 리더십을 제창한 인물이다. 그는 여성성과 모성성을 강조한다. 이는 아버지의 이름으로 자행되던 당시의 전쟁과 살육을 비판하려는 방편적 성격이 짙다. 노자는 전쟁이 상서롭지 못한 것이며, 전쟁의 화마가 훑고 지나간 자리엔 반드시 가시나무가 무성하게 자란다고 한다. 거꾸로 전쟁이 사라진 공간엔 닭 우는 소리 개 짖는 소리가 들린다고 한다. 이것은 노자가 소국과 민론에서 제시한 하나의 메타포로 그가 꿈꾼 이상세계의 한 형태다.

노자의 메타포는 아버지로 표상되는 가부장적 남근중심주의 세계관을 가진 지배권력층의 확장 욕망을 비판하려는 하나의 전략적 방편이다. 그의 비판은 아버지 리더십의 한계에 대한 담론의 성격을 띤다. 비록 전쟁을 통해 큰 나라 많은 백성을 확보할 수 있더라도 그런 욕망은 포기해야 한다. 전쟁은 파괴와 살상을 초래하는 인위의 극치라는 점 때문이다. 전쟁은 아비규환의 참혹한 현실을 연출한다. 노자는 춘추전국시대 전쟁의 현실을 직접 목도하고 살았기 때문에 전쟁이 사라진 공존과 평화의 세계를 꿈꿀 수밖에 없었다.

그럼에도 노자가 죽은 지 수천 년이 지난 지금도 지구상에선 포성이 멈추지 않고 있다. 러시아 블라디미르 푸틴의 우크라이나 침공으로 점화된 전쟁 때문에 푸틴의 이름은 더 유명해졌다. 러우전쟁은 명예지상주의자가 자신의 이름을 가장 손쉽게 알리는 방법이 전쟁에 있음을 확인하게 한 사건이다. 전쟁으로부터 확보되는 명예, 특히 독재자의 명예는 뭇 생명을 희생시킨 결과라는 점에서 진정한 명예가 아니다. 독재자의 명예는 잉여적 욕망과 연대하며, 그 욕망은 늘 타자에 대한 살육과 전쟁이라는 반자연한 사건으로 귀결되기 때문이다.

노자는 닭 우는 소리 개 짖는 소리가 들리는 곳을 이상세계로 제시한다. 거기에는 전쟁이 없는 만물 공존과 평화의 공간적 의의가 있다. 나는 북한－중국－러시아의 삼합점(CNKPRU) 지대인 중국 훈춘에서 닭 우는 소리를 들은 적이 있다. 당시 강물을 사이에 둔 채 국경 너머로부터 들려오던 닭 울음소리에 대한 기억이 아직도 또렷하다. 이 사건은 노자를 연상시키기에 부족함이 없었다. 국경지대에서 포성이 울리지 않고 닭 우는 소리가 들린다는 것은 평화가 유지되고 있다는 방증이었다.

타자와의 공존과 평화가 현실이며 이상인 세상. 노자는 이것이 어머니로

유비되는 자연에서 보장된다고 본다. 노자는 자연의 다른 표현이기도 한 도를 '천하의 어머니라 할 만하다'고 한다. 하상공은 이를 '도는 만물의 정기를 기르니 어머니가 자식을 기르는 것과 같다'고 풀었다. 노자가 천인미분의 세계관을 견지했음을 감안할 때, 이는 결국 인간 세상에서도 어머니 같은 존재가 국정의 리더가 되어야 함을 말한 것이라 볼 수 있다.

노자는 왜 이런 생각을 했을까. 노자의 시대만 해도 아버지의 이름으로 자행된 수많은 질곡과 부조리, 모순들이 넘쳐났기 때문이다. 아버지는 젠더 남성성과 무관하지 않다. 많은 사람은 젠더 남성성이 권위와 용기, 폭력 등과 연대한다고 말한다. 노자 역시 예외가 아니다. 그가 자연적 여성성을 강조하면서 온갖 종류의 인위적 행태들을 비판한 것만 봐도 그렇다. 노자는 사회적 남성성/여성성이라는 이분법을 넘어선 지점에서 근원적인 성 자체를 보라는 입장을 취한다. 거기까지 가는 데 모성성을 이해하는 건 필요충분조건이 아닐 수 없다.

노자가 볼 때 모성성은 돌봄과 타자에의 배려를 통해 존재의 자연성을 지키는 역할수행에 충실하다. 타자를 자기화하거나 자기 욕망을 확장하기보다는 자기 수렴과 반성에 충실한 것이 모성성이다. 이런 맥락 위에서 노자는 어린아이의 생명을 지키고자 하는 어머니 같은 자애의 정치를 제창한다. 이러한 노자의 어머니 리더십은 오늘날도 유효하다. 지금도 힘없는 타자를 자기 자식처럼 따뜻하게 보듬어줄 어머니 같은 돌봄과 배려의 리더십이 요청된다. 과연 어떤 어머니가 자기 자식을 전쟁터로 내몰 수 있을까. 이 시점에 수많은 간난과 위험으로부터 자기 자식의 생명을 지키고자 노력하는 어머니 같은 참된 리더가 새삼 그리워지는 까닭은 무엇 때문일까.

이종성 | 충남대

고타마 붓다의 리더십: 지혜와 자비를 갖춘 지도자

고타마 붓다(Gotama Buddha, BC 6세기-BC 5세기)

우리 시대에 지도자의 자격은 태어남으로써 부여받지 못한다. 누구나 시민이 먼저 되어야 하고, 그 시민 중에서 역할에 따라 지도자가 잠시 될 수 있을 뿐이다. 대체로는 임기가 정해져 있고, 그 기간이 끝나면 평범한 시민으로 돌아와야 한다. 그런 점에서 신분이나 계급의 차이를 전제로 했던 전통적인 지도자상은 모두 비판과 검토의 대상이 될 수밖에 없다. 다산 정약용의 목민(牧民) 개념 역시 시민사회적 맥락에서 재검토의 대상이 되어야한다. 우리 사회의 시장과 군수는 목민일 수도 없고 또 그런 선민의식을 가져서도 안 된다.

이런 시대에 세계사를 관통해 온 대표적인 제도종교의 창시자 중 하나인 고타마 붓다의 리더십을 호출하는 일은 어떤 의미를 지닐 수 있을까? 그는 왕의 아들로 태어나 결혼을 하고 아들까지 낳은 후에 출가하여 깨달음을 얻은 사람이다. 깨달음을 얻은 후에는 잠시 망설이다가 자신이 발견한 진리를 사람들에게 전하기로 결심하고 가르침을 펼쳤고, 그 가르침의 대상에는 출가수행자들의 공동체인 승가(僧伽)와 재가불자는 물론 이교도들 같은 일반인들까지 포함되었다.

고타마 붓다는 수행을 통해 진리를 발견했다고 말한다. 그가 발견한 진리가 과연 무엇인지에 대해 궁금해하는 사람들에게 한결같이 강조하는 것은 '모든 형성된 것들은 무너지기 마련'이라는 명제이다. 수많은 인연의 고리가 닿아 형성된 모든 존재하는 것들은 바로 그 인연으로 인해 사라질 수밖에 없는 운명을 지닌다는 사실을 명상을 통해 발견했다는 것이다. 그런 점에서 그는 바로 그 진리를 가리키는 자임과 동시에, 죽음에 이른 80세까지 삶으로 보여주고자 했던 스승이자 지도자였다. 물론 정신적 지도자였지만, 동시에 그 구성원이 수천에서 수만에 이르는 승가공동체를 이끈 실질적인 지도자이기도 했다.

"교사는 제자에게 올바로 처신해야 한다. 여기서 올바로 처신한다는 것은 다음과 같다. 즉 진리 제시와 질의응답, 훈계 등으로 제자를 올바로 보호하고 지도해야 한다. … 만약 제자가 병이 들면 아침 일찍 일어나 버들가지를 주고, 입을 헹굴 물을 주고 누울 자리를 마련해 주어야 한다."(전재성 역주, 『마하박가-율장대품』, 한국빠알리성전협회, 2014, 173쪽)

오늘날까지도 상당 부분 남아있는 카스트제도를 넘어서서 모든 계급의 출가를 허용했고 여성에게까지 그 기회를 보장하고자 했던 2,500년 전 붓다의 승가공동체는, 말 그대로 문제가 끊이지 않는 갈등의 공동체이기도 했다. 온갖 내부의 불만은 물론 외부의 비난과도 마주해야 했던 붓다는 문제가 생길 때마다 회피하지 않고 즉각적인 대응 방안을 내놓았고, 그런 이야기들이 잘 담겨있는 경전이 '마하박가', 즉 율장대품이다. 이 율장에는 붓다가 발견하고 깨달은 진리를 전달하는 생생한 현장과 함께, 공동체 유지를 위한 필요한 회의를 잘하는 방법, 아팠을 때 어떤 약을 먹고 옷은 어떻게 입어야 하는지와 같은 일상의 소소한 이야기들로 가득하다.

초기불교 경전에 나타나 있는 그의 가르침은 이처럼 일상적인 상황과 구체적인 맥락을 지니고 있어 쉽고 명료하다. 그 핵심은 우리 삶과 그 삶을 함께 꾸려가고 있는 공동체 속에서 끊임없이 마주하는 고통을 있는 그대로 바라보라는 것으로 요약된다. 그럴 수 있게 되면 모든 것들이 얽혀있어 분리될 수 없는 존재의 진리성을 몸으로 받아들일 수 있는 지혜(智慧)를 얻게 되고, 그 지혜를 바탕으로 나를 대하듯 남을 대하는 자비(慈悲)의 눈길과 손길도 가능해진다는 것이다.

우리 시대의 지도자는 지도자이기 이전에 시민이다. 이 엄연한 사실을 받아들이지 못하는 사람은 지도자의 역할을 맡아서는 안 된다. 붓다의 리더십은 시민과 리더 사이의 분리가 불가능하다는 사실을 인식하고 받아들이는 과정에서 중요한 역할을 할 수 있다. 동등한 인권을 갖춘 인격체이고 다만 임시적인 역할 구분으로 지도자가 출현할 수 있을 뿐임을 자각하는 것이 우리 시대 리더에게 요구되는 첫 번째 요건이다. 이 요건을 확보할 수 있으면, 자연스럽게 동정이 아닌 자비의 자세로 시민들이 겪는 일상적인 고통을 해소할 수 있는 정책을 마련해 실천할 수 있는 자세와 역량도 갖추어질 수 있다.

박병기 | 한국교원대

공자가 제시한 리더상(像)

공자(孔子, BC 551-BC 479)

　　필자는 20년 가까이 '논어'를 탐색하고 있다. 그것을 통해 내린 결론은 "공자는 강명(剛明)한 군주를 지향했다." 이 한마디다. 실제로 강명(剛明)은 '논어'를 이해하는 키워드다. 역으로 '논어'는 이를 제대로 이해하는 사람에게 강명함을 길러준다.

　　첫 구절, "학이시습지(學而時習之) 불역열호(不亦說乎)!"는 단순히 공부 열심히 하라는 말이 아니다. 군주가 되려는 자는 문(文)을 익혀 그것을 자기 것으로 만들기를 조금도 게을리해서는 안 되고 오히려 그것을 기뻐해야 한다는 말이다. 왜인가?

문(文)이란 글이 아니라 애쓰고 꾸미고 드러내려고 최선을 다하는 것이다. 그래서 간혹 문식(文飾)이라고 해서 부정적 뉘앙스를 갖기도 한다. 그러나 공자는 문질빈빈(文質彬彬)이라고 해서 애씀과 바탕, 문과 질이 균형을 갖추라고 강조했다.

우리는 바로 이런 애씀과 바탕, 문질을 통해 사람을 알아본다[知人]. 사람을 잘 알아보는 것이 바로 명(明), 즉 눈 밝음이다. 눈 밝음을 기르는 것이 바로 학문(學文), 즉 사람이 사람다워지려고 애쓰는 법을 배워야 한다. 즉 강명 중에서 명(明)은 바로 이런 방법을 통해 함양할 수 있다.

그러나 눈만 밝다고 해서 좋은 리더가 되는 것은 아니다. 뛰어난 이를 알아보는 안목은 명이지만 그런 사람을 제대로 일할 수 있게 해주는 것이 강(剛)이다. 이는 강하다, 세다는 의미의 강(剛)과는 구별된다. 오히려 한결같다[一]는 뜻이다. 한결같다는 것은 오래간다[久＝恒]는 뜻이기도 하다.

리더의 오래감이란 한결같음이다. 그래서 뛰어난 이를 알아보았으면 그를 적소(適所)에 두어 오랫동안 일을 할 수 있게 지켜주어야 한다.

예나 지금이나 모든 조직에는 서로 간의 질투나 음해, 중상모략 등이 있기 마련이다. 옛날에는 이를 참소(讒訴)라고 했다. 근거없이 남을 비방하고 헐뜯는 것을 말한다. 공자는 조직 내에서 일어날 수 밖에 없는 이 문제를 일찍부터 정확히 통찰했다. '논어'에는 딱 한 번 명(明)에 대한 공자의 풀이가 나온다. 안연(顏淵)편이다.

자장(子張)이 공자에게 밝다[明]는 것이 무엇이냐고 묻자 공자는 이렇게 답했다.

"서서히 젖어드는 참소[讒]와 살갗을 파고드는 하소연[愬]이 행해지지 않는다면 그 정사는 밝다고 할 만하다."

눈 밝은 리더라면 아랫사람이 하는 말을 미리 알아서 저 말이 정말 잘못을 고발하는 것인지 아니면 없는 잘못을 짜낸 것인지를 바로 알아내야 한다. 그러기 위해서는 일의 이치[事理], 즉 예(禮)를 잘 알아야 한다.

그런데 주희는 문(文)을 고문(古文)으로 축소시키고 예(禮)는 예법이나 가례에 가둬버렸다. 대신 그가 강조한 것은 도(道)다. 물론 공자도 종종 도(道)라는 말을 사용하지만 문(文)에 비할 바가 아니다. 자한(子罕)편을 보자. 이때 공자는 광(匡) 땅이라는 곳에서 죽을 위기를 넘기는데 그때 공자가 하는 말을 음미해보라.

공자가 광에서 두려운 일을 겪었다. 그때 공자가 말했다.

"문왕(文王)이 이미 세상을 떠나셨으니 문(文)이 이 몸에 있지 않겠는가? 하늘이 아마도 이 문을 없애려 했다면 뒤에 죽는 사람(공자 자신)이 이 문을 체득하지 못했을 것이다. (그런데 이미 나는 이 문을 체득하였으니) 하늘이 이 문을 없애지 않으려 할 것이니 광 땅 사람들이 나를 어찌하겠는가?"

문(文)이란 공자에게 그만큼 중요한 것이다. 그래서 공자는 흔히 중문경도(重文輕道)했다고 하고 주희는 중도경문(重道輕文)했다고 하는 것이다.

이처럼 강명(剛明)과 문질(文質)만 정확히 이해하고 체화해도 얼마든지 현대 조직사회에서 널리 사용될 수 있다. 또한 민주국가에서 유능한 지도자를 뽑는 잣대로도 활용할 수 있다. 최근 연이어 대통령들이 불행한 일을 당하고 있다. 무공(無公)하여 문제가 되고 무명(無明)하여 문제가 되며 굳세지 못해 문제가 되고 있다.

새 정부의 당면 과제도 우리 사회에 무너져버린 공(公)을 회복하는 일이 될 것이다. 참고로 공(共)은 공(公)과 전혀 다르다. 혼자서도 공(公)을 정립할 수 있지만 혼자서 공(共)을 이루지는 못한다. 또 두 명 이상이면 공(共)이 가능하지만 수만명이 모여도 공(公)을 세우지 못하는 경우가 대부분이다.

민주사회에서는 시민들도 이같은 제대로 된 리더상으로 무장하고 있어야 민주사회 지도자의 리더십 정립에 큰 도움이 될 것이다.

이한우 | 논어등반학교

한비자와 경청리더십

한비(韓非, BC 280?-BC 233)

위대한 사상가가 제시한 방대한 철학을 명쾌하게 한두 단어로 표현하는 것은 양날의 검과 같아서, 대중들에게 한편으로는 명징한 이해도를 제고할 수 있지만, 또 다른 측면에서는 정형화된 상(像)으로의 고착화를 심화시킬 수도 있다. 이에 대한 대표적인 예로 중국 전국(戰國)시대 말 법가사상의 대표 주창자인 한비(韓非, BC 280?−BC 233)를 들 수 있다. 춘추시대가 끝나고

양육강식이 본격화된 전국시대에서는 전국칠웅(戰國七雄. 연(燕)나라, 조(趙)나라, 제(齊)나라, 위(魏)나라, 한(韓)나라, 초(楚)나라, 진(秦)나라)들이 앞다투어 중앙집권 국가를 건설하였으며, 군웅할거 시대의 난세 극복을 위해 제자백가의 수많은 사상들이 대두하게 된다. 이러한 혼돈의 시대에 한(韓)나라의 공자(公子)로 법치주의(法治主義)를 주창한 한비는 전국시대 말 법가사상의 3대 요소였던 법(法)·세(勢)·술(術)을 집대성한 법치주의의 대표적인 사상가이자 제왕학(帝王學)의 선구자로 평가된다. 반면, 일각에서는 극단적인 법치주의 강조와 무차별적 적용으로 인해 비인간적이고 무자비한 사상가라는 비판을 받기도 한다.

그런데 이러한 상반된 평가를 잠시 차치하고, 그가 저술한『한비자』제8편 양권(韓非子 第8篇 揚權)을 살펴보면 매우 흥미롭게도 오늘날 요구되는 수평적 리더십과 코칭 리더십, 진성리더십 등이 공통적으로 제시하고 있는 군주의 경청(傾聽)을 강조하고 있다는 점을 발견할 수 있다. 이는 법치라는 제도와 원칙만을 강조했다는 한비자에 대한 세간의 인식과는 다소 괴리가 있다. 한비는 군주를 상, 중, 하 3등급으로 평가하면서 상급의 군주일수록 여러 사람의 지혜를 다하도록 한다고 주장한 바 있다. 그리고 이러한 여러 사람의 지혜를 이끌어 내게 하는 기본 자세가 바로 상대의 말을 적극적으로 듣는 '경청'이다. 경청은 마치 술에 취한 몸짓과 같으며, 앞서 판단하지도 말고, 해석하지도 말며, 그저 상대방이 자신의 모든 것을 쏟아낼 수 있도록 적절한 상황만 조성하는 것을 의미한다. 이러한 경청은 결국 상대방의 지혜를 군주 자신이 온전히 알 수 있게 하는 통로이자, 부하 스스로 의견을 제시함으로써 정책에 대한 헌신을 높이는 동기부여 기제인 동시에, 정책을 제안한 사람에게 결과를 귀속시킴으로써 책임의 명확성을 확보할 수 있는 판단의 근거가 된다.

신하의 말을 듣는 태도란 마치 술에 취한 몸짓과 같은 것이어서, 내 편에서 먼저 입술을 움직이지 말며, 더욱더 바보처럼 입술을 다물어라. 저편에서 스스로 말해 오면 나는 그것을 통하여 알게 되니, 시시비비 다른 의견들이 폭주하여도 군주는 이를 상대하여 겨루지 않는 바, 하는 것 없이 하는 자세가 바로 도의 참모습이다. 『한비자』 제8편 양권(韓非子 第8篇 揚權)

이는 곧 리더십 대가인 스티븐 코비가 제시한 경청의 최고 수준인 '공감적 경청'과도 상통된다. 공감적 경청은 상대방의 말을 주의 깊게 귀 기울여 듣는 데에서 더 나아가 말하는 사람의 본심과 의도가 무엇인지를 이해하고 이를 위해 온전히 상대에게 집중하는 것을 뜻한다. 이러한 적극적 경청을 위해서는 섣불리 판단하거나, 자신의 기준에 의해 추궁하듯 질문하거나, 자신의 경험에만 근거하여 해석하고 충고하려고 하는 등의 행위와 선입견은 반드시 배제해야 한다. 그럼에도 불구하고, 대부분의 사람들은 적극적 경청을 방해하는 이 네 가지 요인들을 타인과의 대화에서 자주 범하는 경향이 있다. 그런데, 이러한 적극적 경청의 부재는 조직 현장에서 그 여파가 보다 크게 나타날 수 있다. 특히, 조직 내에서 수평적 조직구조와 의사소통 방식이 강조되고, 불합리와 불공정에 대해 자신의 목소리를 밝히는 MZ세대 비중이 증가하는 상황 하에서도 경영진 또는 리더가 구성원들의 의견을 제대로 경청하지 않고, 기존의 하향식(top-down) 의사소통을 지속한다면 해당 조직에 대한 인재들의 불만은 높아질 수밖에 없다. 더 나아가 조직 내 불통의 지속은 불만족한 인재들의 이탈로 이어질 가능성이 높다. 조직의 리더들은 구성원들이 자신만의 아이디어를 솔선수범하여 내지 않는다고, 조직의 혁신활동에 적극적으로 동참하지 않는다고 한탄하기에 앞서 본인 스스로가 구성원들의 의견에 적극적으로, 그리고 공감하면서 경청하고 있는지를 되돌아볼 필요가 있다. 리더십의 시작은 존중에 기반한 경청임을 다시금 명심할 필요가 있다.

박지성 | 충남대

당태종, 창업보다 수성이 어렵다. 어떻게 수성할 것인가?

당태종(唐太宗, 598-649)

당태종 이세민은 영민한 군주였다. 그는 문무를 겸비한 인물이었다. 당고조 이연의 큰아들이 아니었기 때문에 세자가 되진 못했지만, 현무문의 변을 통해 군주가 되었다. 그는 아버지 당고조를 도와 당나라 건국에 참여한 개국공신이자 창업군주와도 같은 존재였다. 그렇기 때문에 그에게 있어서 권력의 유지, 국가의 지속, 그리고 군주의 통치는 중요하고도 무거운 과제였다. 그는 늘 고민했다. 창업과 수성에서 무엇이 중요한가? 당고조를 도운 창업자이자, 계승한 수성자이기도 한 그는 창업과 수성 두 가지의 면에서 그 어느 하나도 중요하지 않은 것이 없었다. 그러나 그는 창업보다 수성이 더 어렵다고 했다. 그것은 그만큼 유지와 계승이 더 어렵다고 판단했기 때문이었을 것이다.

당태종은 수성을 위한 방법으로 군주의 길과 신하의 길로서 '군주의 상'과 '신하의 상'을 제시했다. 그가 제시한 이것은 그가 창업과 수성 중에서 더 중요시한 수성을 위한 중요한 방법인 셈이었다.

당태종은 수성의 방법으로서 어떤 군주의 상의 제시했는가? 그는 군주가 국가를 다스리는 것은 '병을 치료하는 것과 같은 것'으로 인식하며, 자신은 근신하고 조심스럽게 국가를 관리한다고 했다. 군주는 맑은 물과 같은 존재로 그가 맑아야 백성을 맑게 할 수 있다고 했다. 자신은 매일 백성의 이익을 생각하며 특정 사안에 대해 결론은 쉽게 내리지 않고, 매일 나라가 망하지 않을까 늘 걱정스럽게 생각하며 조심한다고 했다.

그는 평상시에도 스스로 교만하고 자만하지 않도록 했으며, 스스로 절제하는 마음을 가지고 국가를 통치를 했다. 항시 노력하고 게으르지 않는 군주로서, 늘 자신을 성찰하고 자신의 통치행위를 점검했다. 절제하고 신중하여 탐욕을 부리지 않고 사치한 생활을 하지 않았다. 그가 그렇게 한 것에는 두 가지 이유가 있었다. 먼저, 그는 수나라는 군주가 탐욕하고 사치해서 나라를 패망으로 몰아넣었다고 인식했다. 그렇기 때문에 그는 군주의 엄격한 절제와 검약의 생활이 나라를 수성할 수 있다고 본 것이었다. 다른 하나는, 백성에 대한 배려로서, 백성의 먹고 입는 것에 대한 기본적인 생활의 안정은 군주가 사치하지 않고, 절제를 하는 것에서도 비롯되며, 이것이 전제가 될 때 국가의 융성, 군주의 보전이 있을 수 있다고 판단했기 때문이었다.

당태종이 수성의 방법으로 제시한 '신하의 상'은, 군주에 있어서 신하란 무엇인가?라는 것과 어떤 신하가 군주에게 필요한가?라는 두 가지로 설명할 수 있다. 그는 군주에 있어서 신하는 군주와 함께 국가를 통치하는 협력자적 존재로 인식했다. 군주는 신하를 통해서 국가통치를 수행할 수 있었다. 그렇기 때문에 그는 군주와 신하관계를 '물고기와 물', '장수와 장수의 갑옷과 무기', '사람과 사람의 눈과 귀 그리고 손과 발', '보석 가공 기술자와 보석 원석'으로 인식했다. 이런 군주와 신하의 상호적 관계설정을 바탕으로, 그는 군주와 신하가 군신동락으로 국가를 운영해야 한다고 했다. 그는 신하를 국정운영의 동반자이자 파트너로 인정했고, 그렇기 때문에 그는 최적의 신하로서 '신하의 상'을 제시하며, 그들에게 자신이 요구하는 그러한 신하가 되어 주기를 주문했던 것이다.

당태종은 군주에게 필요한 신하는 어떤 신하라고 했는가? 가장 대표적인 것 중의 하나가 '직언하는 신하'라고 했다. 군주의 잘못된 점, 국정운영에 문제가 있는 것을 지적하여, 군주에게 직접 문제 제기를 할 수 있는 신하가 직언하는 신하라고 했다. 그는 신하의 직언은 국가를 패망시키지 않으며, 군주를 보전하는 것이라고도 인식했다. 그만큼 신하의 직언이 얼마나 중요한지를 잘 알고 있었기 때문이다.

이정우 | 배재대

팍스 몽골리카를 이룬 쿠빌라이의 실용 리더십

쿠빌라이(Qubilai, 1215-1294)

쿠빌라이는 칭기스칸의 손자이자 몽골제국의 5대 카안이다. 오늘날 창업자 칭기스칸과 더불어 여러 방면에서 제국의 번영을 이끈 위대한 군주로 평가받는다. 그의 성공과 업적은 탁월한 리더십의 산물이고, 그 리더십의 핵심은 실용과 소통이다. 그는 번왕(藩王) 시절부터 전국에서 저명한 인재를 초빙하고 후하게 대우하면서 그들로부터 각종 학문과 기술을 전수받았다.

그는 인재 등용에 종족, 종교, 직종의 제한을 두지 않았고, 오직 제국 통치와 세력 확대에 도움이 될 만한 실무적 지식·재능을 갖춘 인재를 선발했다. 이에 따라 그의 번부(藩府)에는 한인 사대부, 몽골·거란·여진 무장, 위구르·아랍 상인, 티벳 승려 등 다양한 인사들이 포진했다. 카안 즉위 후에도 그는 이 같은 실용적 인재 등용 방침을 견지했다.

이러한 성향은 중국의 전통적 관리 등용 제도인 과거(科擧)를 실시하지 않은 점에서 두드러진다. 그는 과거 응시자가 답안지에 표현하는 화려한 문학적 수사와 현실과 유리된 공허한 논의가 실제 정치에 무익하다고 보았다. 그러므로 여러 한인 관원이 집요하게 주청해도 34년에 걸친 치세 중 한 번도 과거를 시행하지 않았다. 이에 따라 유학을 깊이 공부하여 과거를 통해 입신양명하려는 한인 사대부의 관직 진출 기회가 차단되었다. 물론 몽골 조정에 유사(儒士) 출신 관원이 존재했으나 그들이 등용된 것은 유학적 소양이 아니라 법제, 산술, 역법, 문장, 재무, 외국어 등 여러 실무 지식·재능이 높이 평가되었기 때문이다.

쿠빌라이가 즉위했을 때 몽골은 이미 유라시아 대부분을 포괄하는 광대한 영토를 점유했다. 그는 최후 저항 세력인 남송마저 멸망시켜 강남을 차지하고 동남아-인도양 해상으로 진출하기 위한 교두보를 마련했다. 그는 비대한 영토를 오로지 정치·군사력으로 지배하기에는 한계가 있다고 보았다. 그 대신 제국 각지로 통하는 교역과 물류를 촉진하여 경제를 발전시키고 자신의 위상을 높이고자 기도했다. 이에 아흐마드, 노세영, 셍게와 같은 상인·통역인 출신 재무 관료를 중용하고 그들에게 전권을 위임하여 재정을 운용케 했다. 당시 여러 한인 관료가 그들이 중국적 신분 질서에 비추어 미천한 출신이고, 상업·무역 발전을 추구하는 경제정책이 중농억상을 표방하는 유가 이념에 배치되었으므로 강하게 반대했다. 그때마다 쿠빌라이는 그 비판·공격을 물리치고 그들을 적극 비호했다.

재무대신은 카안의 든든한 지원에 힘입어 혁신적인 경제정책을 과감하게 수립하고 추진했다. 역사상 처음으로 전국에 지폐를 전용시키고, 상세·통과세·관세를 대폭 경감하고, 상인에게 자본을 투자하고 무역 수익을 취하는 정책을 시행하여 상업·교역을 크게 진흥했다. 재무대신 3인은 모두 격렬한 정쟁에 휘말려 살해·처형되는 운명을 맞았다. 그러나 쿠빌라이와 후대 정권은 그 경제정책의 우수성을 인정하여 제국 말기까지 변함없이 시행했다. 그 결과 몽골은 유라시아 대륙 전체를 무대로 유례없는 교통·교역의 번영을 이루었다. 오늘날 여러 학자들이 그 역사상을 가리켜 '팍스 몽골리카(Pax-Mongolica)', 즉 '몽골의 평화'라고 일컫는다.

이 같은 제국의 번영은 그 전성기를 견인한 쿠빌라이의 실용·소통 리더십의 소산이다. 그는 종족, 이념, 종교 등에 구애받지 않고 오로지 실무적 지식·역량을 평가하여 유능한 인재를 등용했다. 그리고 항시 그들과 소통하면서 제국 통치에 필요한 학문·기술을 배우려 노력했다. 그는 선발한 인재를 적재적소에 배치하고, 능력을 마음껏 펼칠 수 있도록 아낌없이 지원했으며, 반대 세력에 맞서 그들을 적극 보호하였다. 이에 따라 그들은 제국의 융성과 카안의 영광을 위해 고안한 혁신 정책을 기탄없이 추진하여 빛나는 성과를 거두었다. '인사(人事)가 만사(萬事)'라는 옛말은 동서고금을 막론하고 통용되는 진리다. 우리 사회에서 '리더십의 부재'가 큰 화두로 떠오른 오늘날 쿠빌라이의 실용 리더십이 작은 길잡이가 되기를 기대한다.

고명수 | 충남대

일본 전쟁사에서 확인하는 공공리더십 문제
- 세계관, 정보, 보급

도요토미 히데요시(豊臣秀吉, 1537-1598)

임진왜란은 분열돼 있던 일본을 절반쯤 통일한 오다 노부나가가 구상한 세계 정복 전쟁 구상의 일부였다. 이 구상을 노부나가의 정치적 후계자인 도요토미 히데요시가 실행했다가 실패했고, 도쿠가와 이에야스는 외국과의 교류를 극도로 단절시킴으로써 노부나가의 구상을 종결시켰다. 노부나가는 유럽의 가톨릭 선교사들과 만나면서 중화(中華) 중심의 세계관에서 벗어났다.

그러면서 그는 히데요시의 임진왜란으로 현실화되는 한반도 정복 전쟁, 그리고 중화권으로의 침공을 구상한 것으로 보인다. 그러나 1582년 6월 2일에 부하 아케치 미쓰히데가 반란을 일으키면서, 노부나가는 세계 정복은 커녕 일본 통일도 달성하지 못한 채로 사망했다. 당시 서일본에서 전투를 지휘하던 히데요시는, 주군이 살해됐다는 소식을 적군에 감춘 채 화의교섭을 성사시켰다. 그리고는 놀라운 속도로 교토를 향해 진군해서, 6월 12일에 야마자키에서 미쓰히데 군을 무너뜨렸다.

이러한 히데요시의 행동은 몇 가지 점에서 주목할 만하다. 최전방에서 부하들을 지휘했다는 점, 주군이 사망했다는 정보를 잘 감추어 화의교섭에서 불리함이 없게 했다는 점, 그리고 복잡한 정세를 수습하며 열흘 만에 주군의 원수를 갚기까지 주변인과 부하들을 일사불란하게 통솔했다는 점 등이다. 이러한 모든 행동의 근원에는 히데요시가 최전방에 주둔하면서 최신 정보를 접해 전략·전술을 쉼 없이 업데이트하고, 부대의 보급을 꼼꼼히 관리했다는 사실이 있었다. 그리고 이러한 모든 특성을 상실한 데에서 히데요시는 임진왜란을 일본 측의 승리로 이끌지 못했다.

히데요시는 애초에 국제정세를 잘못 파악하고 있었다. 조선이 이미 일본의 속국이 됐다고 생각했기 때문에, 군량미를 현지에서 조달할 수 있을 것으로 생각했다. 그러나 조선 현지의 상황은 히데요시의 이러한 전제와는 전혀 달랐다. 또한 직접 조선에 건너와서 전쟁을 진두지휘하려 했으나, 그의 어머니부터 도쿠가와 이에야스와 덴노(天皇)에 이르기까지 이를 만류하는 바람에 규슈의 나고야성에 머물면서 원격으로 지휘해야 했다. 이 때문에 조선 현지의 전황이 나고야성에 전달되고, 이에 대해 히데요시가 지시한 내용이 다시 조선에 전달되기까지 시간차가 발생하게 됐다. 이러한 시간차가 가장 극적으로 나타난 것이 1592년 5월 18일이었다.

이날 조선의 북쪽 국경을 지키던 육군이 남쪽으로 이동해서 임진강에서 일본군을 기습했다. 비록 조선군이 패하기는 했지만, 조선 측이 바다에서뿐 아니라 육지에서도 본격적으로 반격하기 시작했음을 알리는 사건이었다. 이 날을 전후해서 일본군의 조선침략이 명나라에 보고돼, 명 측에서 구원군을 파견하기 위한 논의가 시작되기도 했다.

그런데 이날 히데요시는 대륙 정복 구상을 25개 항목으로 정리했다. 일본 교토에 있는 덴노를 명나라의 베이징으로 옮기고, 자신은 명나라 남부에서 수군을 이끌고 다른 세계를 정복하러 가겠다는 등의 내용이었다. 이 구상은 히데요시의 과대망상이라고 지적돼 왔지만, 근본적으로는 히데요시의 장점인 현장성을 상실했기 때문에 발생한 판단 미스였다.

2022년 2월 24일에 우크라이나를 침공한 러시아도 근본적으로 이와 동일한 문제를 노출시키고 있다. 이상의 내용은 공공리더십 차원에서 다음과 같은 시사점을 지닌다. 무사 정신이니 선비 정신이니 정신력만 강조하는 게 아니라, 자신과 함께 하는 사람들이 안심하고 활동할 수 있도록 장기적으로 탄탄한 지원을 해야 한다는 사실이다. 인간도 동물인 이상, 물질적인 조건이 갖춰져야 추상적 목표를 추구할 수 있는 의지를 지니게 된다. 구 일본군은 "보급부대가 군대라면, 곤충 잠자리도 새다"라는 식으로 보급을 소홀히 했다. 그 결과가 태평양전쟁에서의 패배였다.

또한, 타인을 지도하는 입장에 선 사람은 자신의 전략·전술이 제대로 된 정세 파악에서 설정된 것인지를 늘 확인해야 한다. 그리고 그 전략 전술이 정세 변화에 따라 늘 업데이트돼야 올바른 지휘가 가능하다. 자신의 세계관에 갇혀있으면 안 되며, 현장에서 나오는 목소리에 언제나 귀 기울여야 한다. 중화인민공화국의 군사력 증강과 러시아의 우크라이나 침략이라는 상황 속에서 새로운 정부는 외교적으로 더욱 현명하게 행동할 것을 기대한다.

김시덕 | 문헌학자

약육강식에 대항한 불굴의 리더십, 호치민

호치민(Hồ Chí Minh, 1890-1969)

흔히 약자가 강자에 대항할 때 이란격석(계란으로 바위치기) 혹은 당랑거
철(사마귀가 수레바퀴에 저항한다)이라고 한다. 한마디로 답이 뻔히 보이는 무
모한 행동이라는 것이다. 약육강식의 세계관에서 자못 당연한 진리처럼 여
겨지나 언제나 예외는 있는 법. 가끔은 기적 같은 일이 벌어지기도 한다. 세
계최강대국들과 싸워 이긴 작은 나라 베트남과 호치민의 이야기다.

지정학적 요충지에 자리한 한반도처럼 베트남 역시 유사 이래 수많은 제국에 시달려 왔다. 고조선을 무너뜨린 한나라는 베트남에도 손을 뻗쳤다. 기원전 111년부터 약 1,000년간 중국의 속박 아래 고통과 질곡의 역사를 겪었다. 그 후에는 이역만리 떨어진 프랑스의 침공을 겪는다. 프랑스는 베트남을 위시로 인도차이나를 차례차례 식민화했다. 기나긴 투쟁의 서막이었다. 끝없이 저항했지만 너무도 강력한 제국의 발굽 아래 민중들은 신음할 수밖에 없었다.

2,000년 전 유대인들이 바빌로니아와 로마를 비롯한 여러 제국의 압제에 짓밟혀 메시아를 간절히 기원했듯이 베트남 민중들 역시 언제나 풍전등화와 같은 이 나라를 구원해 줄 강력한 지도자를 염원했다. 그리고 1890년, 가난하고 외진 시골 마을 호앙쭈에서 조그만 아이가 태어난다. 아이의 이름은 응웬 싱 콘, 먼 훗날 호치민으로 불리게 될 인물이었다. 그 어느 누구도 이 초라한 땅에서 베트남 독립을, 더 나아가 세계최강대국을 무너뜨리고 역사를 뒤흔들어 버리는 전설이 나타날 줄은 몰랐을 것이다. 이는 마치 말구유에서 태어난 예수와도 겹친다.

유교 한학자의 막내로 태어난 호치민은 청년시절 망국의 한과 집안 파탄의 설움을 안고 유럽으로 망명을 떠난다. 응웬 싱 콘이라는 이름도 버리고 수십 개의 가명을 썼다. 사환, 이민선 선원, 막일 등 밑바닥 인생을 전전했지만 단 한 순간도 손에 책을 놓은 적이 없었다. 파리와 런던을 오갔다. 열심히 신문을 읽고 부지런히 배웠다. 세계를 주도하는 서구문명을 겪을 수 있었던 것은 일종의 축복이었다. 이때의 경험이 훗날 정교하고 현실적인 외교적 감각을 키워주었기 때문이다. 피지배 민족의 해방을 외치는 레닌의 연설은 청년 호치민의 심장을 울렸다. 그는 그렇게 마르크스주의자가 됐으며 끝내는 소비에트까지 가서 공산주의 대학에 입학한다. 능력을 인정받아 코민테른 중앙기구 수뇌부까지 올랐다. 삶의 궤적과 역정은 드라마틱하다. 중국과 소련, 프랑스와 영국, 미국과 인도차이나까지 사실상 전 세계를 떠돌며 베트남 독립과 민중해방을 위해 싸웠다. 투옥도 여러 번 당했다. 옥사직전까지 간 적도 여러 번이다. 존엄과 복지의 약속인 공산주의는 노동자, 농민의 비참한 현실의 응답이었다.

그러나 그는 공산주의 이전에 민족주의자였다. 마르크스의 유물론보다는 민족해방에 가까웠다. '국가와 결혼했다'는 호치민의 말은 결코 허언이 아니다. 평생을 독신으로 살았기 때문이다. 낡은 타이어로 신발을 만들어 신고 민중들과 함께 호흡하며 밭을 일구었다. 프랑스에 이어 일본이 인도차이나의 지배자로 등극했고 얼마 가지 않아 미국의 원자탄에 패망하고 만다. 그 빈틈을 노리고 프랑스가 재침공하는데, 호치민의 군대는 '디엔비엔푸'에서 대승을 거둔다. 제3세계 국가가 제국주의 국가를 무찌른 최초의 대사건이었다. 전 세계의 핍박받는 제3세계 민중들에게 가능성과 한 줄기 희망을 보여준 사례다. 이 기적적인 승리에는 베트남 민중의 피와 땀, 그리고 혼신이 있었다. 인간의 한계를 보여준 정신력이었다. 그야말로 인류사에 남을만한 기록이다.

그 후에 중국이 베트남을 침공하는데 호치민은 이번엔 철천지 원수인 프랑스를 끌어들여 중국을 견제한다. 아주 영리하고 현란한 저울질 외교를 보여준 것이다. 뿐만 아니라 소련과 중국 사이에서도 아슬아슬한 줄타기 외교로 독립과 자존을 지켜낸다. 그러나 차마 분단까지는 막을 수 없었다. 한반도처럼 허리가 두 동강 잘린 베트남의 미래는 그 자체로 암담한 것이었다. 남 베트남 고딘디엠 정권의 폭정과 수탈에 민중들은 끊임없이 저항했다. 그리고 통킹만 사건을 시작으로 결국엔 베트남 전쟁의 끝판왕 미국이 참전한다. 호치민 입장에서는 '울고 싶은데 뺨 때린' 격이었다. 모두가 입을 모아 북베트남의 패배를 점쳤다. 애당초 체급이 안 맞는 대결이었다.

11년간의 길고 긴 전쟁은 단순히 베트남 민중을 넘어 인류 정신사에 혁명적인 충격을 안긴다. 전투기와 소이탄 등 최첨단 무기를 앞세운 세계최강 대국과 가진 것이라고는 죽창과 정글뿐인 약소민족의 전쟁을 11년이나 끌었다는 것도 충격적이고, 심지어는 그 초강대국이 패배하고 도망치듯 물러났다는 사실도 충격적이다. 베트남은 모든 초강대국과 싸워 승리했다. 인류 역사상 이런 민족은 없었다. 굳이 비교하자면 아프가니스탄 정도가 있겠으나 호치민에 비하면 초라하다. 그러나 그는 애석하게도 베트남의 통일을 보지 못하고 서거한다. 유언은 담백하고 소박하며 맑았다. 감히 단언컨대 기관총을 든 예수가 있다면 호치민을 두고 말하는 것이 아닐까. 청빈한 삶과 약육강식적 현실에 굽히지 않는 불굴의 리더십은 모든 이의 귀감이 될만하다. 폭압적 권위와는 거리가 멀었던 친근한 '호 아저씨'는 '호치민'시(市)라는 이름으로 베트남 민중 가슴속에 영원히 남아있다.

최승우 | 교수신문

제2부

서양의 공공성과 리더정신

아가멤논의 '폭군의 리더십'과 정반대의 리더십을 가진 '리더'를 찾아야

아가멤논(Agamemnon)

최고의 리더들이 가져야 될 진정한 리더십은 무엇일까? 플라톤은 '미덕의 리더십(leadership of virtue)', 즉 '정의'와 '명예' 그리고 '희생'의 리더십을 이야기하나, 현실세계의 '정치꾼(pseudo-politician)'에게서 발견되는 것은 대부분 악덕의 리더십이다. 이런 현실 속에서, 소포클레스의 『아이아스』는 '정의로운 정치가'와 '정의의 리더십'을 고민하게 해준다. 이 책에는 '아이아스 딜레마(The Ajax dilemma)'라는 유명한 난제가 등장한다. 그것은 아킬레우스 사후, 그의 무구(武具)를 놓고 벌어진 오뒤세우스(Odysseus)와 아이아스(Aias) 간의 갈등을 말한다. 이 딜레마를 해결하는 과정에서 나타난 '아가멤논의 폭군의 리더십(Agamemnon's Tyrant Leadership)'은 오늘날 우리에게 과연 리더의 태도와 자질이란 무엇이며, 정치가와 정치꾼은 어떻게 갈라지는지를 고민하게 만든다. 반면교사(反面敎師)인 것이다.

아킬레우스(Achileus) 사후, 그의 어머니인 테티스(Thetis) 여신은 아들의 무구를 "가장 용감한 자를 위한 상으로 내놓겠다"고 선언하였다. 이에, 그의 무구를 놓고서 용장 아이아스와 지장 오뒤세우스가 경쟁하였다. 의사결정권은 최고사령관이었던 아가멤논에게 있었다. 하지만 그는 자신의 책임을 방기(放棄)한 채, 배심원들에게 권한을 넘겨주었다. 그런데 그의 이러한 무책임한 결정으로 인하여 사태는 더 심각해졌다. 왜냐하면 배심원들은 오뒤세우스에게 절대적으로 유리한 방법이었던 연설로 최고의 전사를 뽑았기 때문이다. 당연히, 아이아스와 그를 따르던 전사들이 분노하였다. 아이아스는 칼을 들어 아가멤논과 오뒤세우스를 죽이고자 하였으나, 아테네 여신의 방해로 그의 복수극은 실패로 끝났다. 수치심에 몸부림치던 아이아스는 자살하고 말았다. 아가멤논의 무능과 무지 그리고 무책임의 리더십이 빚어낸 참사였다.

아이아스를 죽음으로 몰고 갔던 것은 아가멤논의 폭군의 리더십이다. 최고의 리더였음에도 불구하고, 그는 아이아스와 오뒤세우스를 포함한 그리스군 전체를 갈등과 분쟁 속으로 몰아넣었다. 내재된 갈등이 언제 폭발할지 모르는 상황에서, 그는 자신의 안위와 이익만을 생각한 것이다. 그는 교만하고 탐욕스러웠으며 타자의 자유나 고통에 대해서는 둔감했다. 이것은 폭군의 특성이었다. 하지만 리더는 폭군과 정반대의 인물이다. 그래서 그는 정의롭고 수치심을 알고 타자의 자유를 인정하고 타자의 고통에 공감할 줄 아는 것이다.

사실, 공동체의 리더는 자신이 이끄는 조직의 생존과 안녕에 무한책임이 있다. 무한책임을 감당한 능력이 없으면, 그 자리에서 내려와야 한다. 하지만 아가멤논은 공동체의 생존과 안녕에 절대적인 영향을 끼칠 수도 있는 '무구 소유권 분쟁'에 너무나 안이하게 대응함으로써, 그리스 군 전체를 붕괴 직전까지 몰고 갔다. 무능하고 무지하며 무책임하였던 것이다. 동양에서는 이런 어리석은 군주를 가리켜 암군(暗君)이라 하였다. 이는 폭군의 또 다른 모습이기도 하였다. 『일리아스』의 첫 장면에서 아가멤논은 아킬레우스의 애첩(愛妾) 브리세이스(Briseis)를 강제력을 동원하여 약탈해 아킬레우스를 분노케 하였다. 그의 이러한 행동은 탐욕스런 폭군의 전형적인 모습이기도 하였다. 이처럼 아가멤논은 암군과 폭군, 그리고 오만하고 탐욕스러운 독재자의 모습을 하고 있었다. 이는 플라톤이 강조하였던 정의로운 리더와는 정반대의 모습이기도 하다.

　바야흐로, 2023년의 대한민국은 정치가 지배할 것이다. 2024년 4월에는 22대 국회의원을 새로 뽑는 총선도 있을 것이다. 많은 후보들이 각자 자신이 국가와 지역을 살릴 수 있는 리더라고 주장하나, 그들 중의 상당수는 정치가가 아니라 정치꾼들일 뿐이다. 보다 나은 리더를 뽑기 위해서는, 무엇보다도 아가멤논과 같은 폭군적 리더를 멀리해야 한다. 그러한 사람들은 자기 생존과 자기 이익에만 몰입하는 사람들이다. 소포클레스가 태어나기 이전에도 그리스에는 폭군이 있었고, 그가 사망한 이후에도 폭군이 있었다. 동서고금을 막론하고 폭군이 없었던 시대나 국가는 없었다. 그러기에 우리는 소포클레스가 그렸던 아기멤논의 폭군의 리더십과 정반대의 리더십을 가진 리더를 찾아, 그를 리더로 세워야 한다. 그것만이 우리 공동체가 생존하고 안녕을 누릴 수 있는 유일한 길이기 때문이다. 이제는 모두의 지혜와 힘을 모을 때인 것이다.

박규철 | 국민대

오디세우스의 춘풍추상(春風秋霜) 리더십

오디세우스(Odysseus)

　중국 명나라 말기의 문인 홍응명(洪應明)이 지은 『채근담(菜根譚)』에는 "대인춘풍 지기추상(待人春風 持己秋霜)"이라는 유명한 구절이 등장한다. "남을 대할 때는 봄바람과 같이 부드럽게 하고 자신을 대할 때는 가을 서리처럼 엄격하게 해야 한다"는 뜻이다. '내로남불'의 시대, 지금 우리에게 필요한 것은 오디세우스(Odysseus)의 '춘풍추상의 리더십'이다.

세상을 살다 보면, 여러 가지 위기가 있고 유혹이 찾아온다, 특히, 리더 (Leader)에게는 더 많은 위기가 있고 더 강한 유혹이 찾아오기 마련이다. 가짜 리더는 위기와 유혹에 굴복하나, 진짜 리더는 그것을 극복한다. 오디세우스는 '실천적 지혜(phronēsis)'와 '절제(sōphrosynē)'로 무장하여 위기와 유혹을 극복한 리더다. 그 많은 영웅들 중에서 그만이 살아 귀향할 수 있었다. '아이아스(Aias) 문제'를 해결하고 '로토파고이(Lotophagoi)의 유혹'과 '칼립소(Kalypsō)의 유혹'을 이겨낼 수 있었다. 자신에게 추상같고 타자에겐 춘풍 같은 리더십의 원형이 바로 그였다.

아이아스 사건을 처리하는 과정에서 그의 '춘풍리더십'이 빛을 발한다. 트로이 전쟁의 막바지에 맹장(猛將) 아킬레우스가 죽자, 테티스 여신은 아들의 무구(武具)를 "가장 용감한 사람에게 주겠다"고 공언한다. 이에 용장(勇壯) 아이아스와 지장(智將) 오디세우스가 후보에 오른다. 최후의 승자는 오디세우스가 차지한다. 분노한 아이아스가 아가멤논과 오디세우스 등을 죽이고자 한다. 하지만 아테네 여신이 그들을 구해준다. 수치심에 몸부림치던 아이아스는 자살한다. 아가멤논은 그를 법대로 처리하자고 한다. 하지만 오디세우스는 아이아스에 대한 깊은 동정심을 가진 채, 그 문제를 처리한다. 아이아스에 대한 장례가 치러지고 그의 명예 또한 회복된다. 양분(兩分)의 위기에 놓여 있던 그리스군이 통합될 수 있었던 데에는 그의 춘풍리더십이 있었던 것이다.

오디세우스의 첫 번째 '추상리더십'은 '무책임의 유혹'을 벗어나는 데에서 성립된다. 로토스(Lotos) 섬의 '로토파고이(Lotophagoi: 연꽃을 먹는 사람들)'들은 오디세우스와 그의 부하들에게 신비스러운 환각식물인 로토스를 선물한다. 부하들은 그것을 먹고 귀향 의지를 망각한 채, 무기력과 무위도식의 늪에 빠졌지만, 오디세우스만은 무책임의 늪에 빠지지 않았다. 놀라운 절제력과 용기를 발휘하여, 그는 부하들을 강제로 배에 태워 출항하였다. 사실, 귀향을 방해하는 것은 키클롭스(Kuklōps) 같은 괴물만 있는 것이 아니었다. 연꽃을 먹는 사람들의 친절도 그에 못지않게 위험한 것이었다. 이처럼, 불가능하게만 보였던 귀향을 가능케 했던 것은 오디세우스의 추상리더십이었다.

오디세우스의 두 번째 추상리더십은 칼립소의 성적 유혹을 이겨내는 데에서 성립된다. 오디세우스의 부하들은 오기기아(Ogygia) 섬에 도착하기 전에 모두 죽고 말았다. 지혜와 절제가 부족하였기 때문이다. 이 섬에는 칼립소라는 바다의 요정이 있었다. '칼립토(kalyptō: 숨기다 또는 덮다)'라는 개념에 내포하고 있듯이, 그녀는 오디세우스의 귀향 의지를 숨기고 무력화시키는 존재였다. 그들은 7년간이나 동거하였다. 칼립소의 유혹이 그만큼 강력했다는 방증이기도 하다. 마녀(魔女) 키르케(Kirkē)와 동거한 1년을 합친다면, 10년의 귀향 중 8년을 외간여자와 바람피웠던 것이다. 하지만 이러한 불륜과정에서도 오디세우스는 귀향에 대한 의지와 욕구를 포기하지 않았다. 자기정체성의 근거인 왕국과 부인 그리고 아들이 고향에 있었기 때문이었다. 불사(不死)의 능력을 주겠다는 칼립소의 유혹도 뿌리친 채, 그는 필사(必死)의 존재들이 거주하고 있었던 이타카로 갔던 것이다. 이처럼 오디세우스의 추상리더십이 그를 존재의 근거인 고향으로 인도하였던 것이다.

2022년 5월 10일 윤석열 대통령이 대한민국 제20대 대통령으로 취임함으로써, 제6공화국의 여덟 번째 정부가 출범하였다. 대다수의 국민들이 새 정부의 과제로 '국민통합'과 '부정부패 척결 및 적폐청산'을 주문한다. 오지세우스의 춘풍추상의 리더십을 요구하고 있는 것이다. 사실, 이전 정부들도 춘풍추상의 리더십을 실천하고자 하였다. 하지만 '내로남불의 함정(trap)'에 빠져 실패하고 말았다. 자신에게만 관대하고 타인에게는 동정심이 없었기 때문이다. 새 정부가 과거 정부들의 실패를 되풀이하지 않기 위해서는 신독(愼獨)과 역지사지(易地思之)의 태도를 가져야 한다. 자신의 머리 위에는 '다모클레스(Damokles)의 칼'을 올려놓고, 타자에게는 나우시카아(Nausikaa)의 환대(Xenia, Hospitality)의 정신을 선보여야 하는 것이다. 그래야 성공한 정부가 될 수 있다.

박규철 | 국민대

플라톤의 『국가』에 투영된 전사의 용기와 리더십

라파엘로 <아테네 학당>(1509)에서의 플라톤
(Plato, BC 428?-BC 348)

　서양의 경우, 체계적인 군사교육 시스템을 바탕으로 직업적인 군사전문가를 양성할 필요성을 주장한 최초의 저술은 플라톤의 『국가』이다. 플라톤은 페르시아 전쟁과 펠로폰네소스 전쟁을 직·간접적으로 경험하면서 전쟁은 언제 어디서 어떤 형태로든 현실화될 수 있음을 통찰하였다. 이에 그는 전쟁의 원인은 무엇이며 국가 통치자는 어떻게 다가올 전쟁에 대비해야 하는

가, 그리고 실전에서는 어떻게 싸워야 하는가에 상당한 관심을 기울였다.

특히 플라톤은 평상시 전쟁방지를 위해 정치적·외교적 차원의 노력을 기울이면서도, 동시에 전투현장의 주인공인 전사(戰士), 즉 '수호자'(phylax)들을 강건하게 양성하여 국가방위의 버팀목으로 활용해야 한다고 보았다. 나아가 그는 수호자들이 각자의 능력을 오직 공적인 차원에서 공공선과 정의를 위해 사용하도록 인도하는 것이 국가의 안위와 직결된다는 점을 절감하였다. 이에 그들의 영혼이 타락함으로써 발생할 수 있는 문제들을 미연에 방지하기 위해 다양한 제도적 방안을 모색하였다.

수호자는 전쟁에서 승리하여 국체를 보존하고 국민을 생명을 보호하는 것을 기본임무로 삼는다. 그렇기에 성격과 기질에서는 "온순하면서도 동시에 대담"해야 하며, 또한 전사의 특성인 "격정과 담대함에 더하여 기질 상으로 지혜를 사랑"하는 법도 배우고 익혀야 한다. 즉 수호자는 "혈통 좋은 강아지의 성향"을 지니고 있어서 유사시에는 국가와 국민 그리고 동료 전우를 위해 용맹하고 격정적인 자세로 전투에 임해야 하지만, 평상시에는 인격수양과 새로운 지식의 습득에 싫증내지 않음으로써 지혜로운 사람이 되려는 기질을 타고나야 한다. 그런데 플라톤에 따르면 이러한 기질이 현실에서 제대로 발현되기 위해서는, 전사 후보자들이 유년시절부터 단지 군사교육뿐만 아니라 최고 수준의 인문학과 예체능 교육을 체계적으로 이수해야 한다.

다른 한편 플라톤은 수호자가 '용기'(andreia)의 진정한 의미를 바르게 인식해야 한다고 역설하였다. 그는 용기를 "두려워할 것들과 두려워하지 않을 것들에 관한 바르고 준법적인 소신의 지속적인 보전과 그런 능력"으로 규정하였다. 물론 여기서 두려워할 것은 전사로서의 양심과 국민의 시선일 것이고, 두려워하지 말아야 할 것은 전장에서의 위험과 육체적인 고통에 대한 공포일 것이다.

플라톤이 보기에 수호자의 용기란 전투현장에서의 과단성과 임전무퇴의 자세를 넘어서는 것이어야 한다. 즉 용기는 극단적으로 혼란스러운 전투상황 속에서도 영혼의 분열과 파괴를 방지하고 충동적인 행동을 자제하는 능력을 갖춘 경우에만 도달할 수 있는 것이다. 또한 이것은 진정한 용기란 영혼의 독립적인 능력이라기보다 '정의', '절제', '지혜'와 같은 덕목들과 연관 선상에 있다는 점, 다시 말해서 전장에서 승리하려는 사람은 우선 하나의 인격적 존재로서 올바로 판단하고 자기절제를 생활화함으로써 모범적인 행동이 몸에 배어 있어야 함을 함축하는 것이기도 하다. 플라톤에 따르면 이러한 차원의 용기를 지닌 사람만이 전장에서 유감없이 능력을 발휘할 수 있을 뿐만 아니라, 자신을 전사로 키워주고 이제는 생명을 의지하고 있는 국민을 배반하는 행위, 즉 무력에 의한 '국가전복기도'(stasis)의 유혹을 단호히 거부할 수 있기 때문이다.

2023년 현재까지도 우크라이나는 러시아와 전쟁 중이다. 2022년 초 침공이 시작되자 대부분의 언론은 전력상 열세인 우크라이나가 며칠 안에 함락되거나 백기 투항할 것으로 예측했었다. 그러나 지금 우크라이나인들은 결사항전 중이다. 이것은 무엇보다 무식한 코미디언 출신이라며 조롱받던 젤렌스키 대통령의 용기에서 비롯된 것이다. 서방세계의 피신 권유를 물리치고 푸틴의 암살 위협에도 단호히 맞서며 국민들 앞에서 조국수호 의지를 불태웠기 때문이다. 향후 그의 정치적 운명이 어떻게 전개될지와는 별개로, 적어도 그는 플라톤이 말한 용기의 본성, 즉 진정으로 두려워해야 할 것과 두려워하지 말아야 할 것을 구분할 줄 알았던 지도자로 동시대인의 기억 속에 남을 것 같다.

서영식 | 충남대

아리스토텔레스의 설득의 리더십과 민주주의 이상

아리스토텔레스(Aristotle, BC 384-BC 322)

현대사회에서 '리더십'을 말할 때 우리는 단지 '리더'에만 주목을 한다. 그러나 누군가 이끄는 사람이 있다면 이끌려지는 사람이 있는 것이다. 리더는 단독자로 존재하지 못한다. 그는 항상 타자와의 관계에서 존재할 수 있다. 누군가 리더가 될 수 있는 것은 리더와 함께 하는 사람들이 있기 때문이다. 아무리 세계적인 지휘자라 하더라도 연주자들이 없다면 훌륭한 화음을 만들어낼 수 없다. 따라서 리더십은 리더뿐만 아니라 리드되는 사람들을 망각해서는 안 된다.

고대 그리스어에서 리더에 해당하는 말은 '헤게몬(hegemon)'으로 '이끄는 자'를 말한다. 현대어에서 헤게모니(hegemony)는 정치적, 경제적, 군사적, 문화적으로 다른 사람이나 다른 나라에 우위를 차지하는 힘이나 영향력을 말한다. 그러나 그것은 일차적으로는 '데려가다'라는 동사에서 나왔다. 그렇다면 리더는 우리를 무엇을 향해 데려가는가? 리더의 목표는 공동체에 가장 좋은 것, 즉 '공동선'이어야 한다.

누군가 리더가 되려면 타자를 이끄는 힘을 가져야 한다. 한 공동체에는 서로 다른 관심이나 가치관을 가진 수많은 사람들이 공존한다. 만약 강제적으로 이끄는 방식을 제외한다면 타자의 마음을 움직이기 위해서 가장 중요한 것은 '설득'이다. 설득은 타자의 마음과 하나가 되는 방법이다. 그래서 진정한 리더는 타인을 설득시키는 능력을 가질 필요가 있다. 특히 민주주의 사회에서 이상적 사회를 추구하기 위해 리더는 다른 사람들을 진심으로 설득할 수 있어야 한다.

고대 그리스어로 설득은 '페이토(peitho)'이다. 그것은 일차적으로 '설득하다'는 의미를 갖지만 '매력있다'나 '유혹하다'는 의미도 있다. 그리스 도기 그림을 보면 파리스가 앞에서 뒤를 돌아보며 헬레네의 손을 잡고 끄는 듯한 장면이 있다. 일반적으로 파리스가 헬레네를 납치하는 장면이라 생각하지만, 자세히 살피면 파리스와 헬레네 사이에 작은 에로스가 있고 헬레네 뒤에서 팔을 뻗어 머리에 손을 대고 있는 페이토 여신이 그려져 있다. 에로스는 파리스와 헬레네가 사랑에 빠졌다는 것을 말하며, 페이토는 파리스가 헬레네와 함께 트로이로 가는 이유를 설명한다. 설득은 사람의 영혼을 끌어당기는 것이다.

리더는 리드되는 사람들을 설득을 통해 이끌어야 한다. 아리스토텔레스는 『수사학』에서 설득은 믿음을 주는 것이라 한다. 설득을 하기 위한 세 가지

요소로 화자의 '성품(ethos)'과 청자의 '정념(pathos)'과 '논증(logos)'을 제시한다. 아리스토텔레스는 특히 화자의 성품은 말하는 사람이 가진 가장 효과적인 설득수단이라고 말한다. 청중은 자신이 신뢰할 수 있는 사람으로 보이면 화자의 말을 좀 더 쉽게 받아들이기 때문이다. 청중의 정념이나 감정은 상황에 따라 달라지기 때문에 적절한 전략을 필요로 하며 사안에 대한 논증이나 예증하기 위해 적절한 구성이 필요하다.

리더의 경우도 다른 사람들을 이끌기 위해서 설득을 해야 하는데 가장 기본적인 요건은 좋은 성품을 갖추는 것이다. 좋은 성품은 설득의 첫 단계부터 신뢰를 얻는 데 중요한 역할을 한다. 아리스토텔레스는 사람들이 신뢰하는 사람은 '실천적 지혜'와 다양한 '덕'을 가진 사람이라고 한다. 우리는 삶의 경험을 통해 모든 일을 적절히 판단하여 처리하는 '지혜'로운 사람을 신뢰하며, 자신의 권한을 함부로 남용하거나 오용하지 않으며 자신의 이익이 아니라 집단이나 공동체의 이익을 추구하는 '절제' 있는 사람을 신뢰하며, 자신에게 불리할지라도 옳은 일을 선택하고 거짓이 아니라 진실의 편에 서는 '용기' 있는 사람 등을 신뢰한다.

우리는 리더를 선택할 때 최악이나 차악을 선택해서는 안 되며 최선을 선택해야 한다. 우리가 추구하는 결과에 도달하지 못할지라도 우리가 언제나 최선을 선택하며 정의를 추구한다는 것을 보여줘야 한다. 우리는 항상 누가 최선의 리더인가를 주시해야 하며, 단지 다수의 이익이라는 이유로 또는 특정한 이념 때문에 부정의한 사람을 선택해서는 안 된다. 우리가 진정으로 어떤 리더를 원하는지를 보여주어야 한다.

우리는 리더란 항상 우리보다 앞서가는 사람을 그리게 된다. 그러나 리더는 타인보다 늘 앞에 있지는 않다. 그는 때로는 앞에서 이끌기도 하지만 뒤에서 따라가기도 하며 무엇보다도 함께 가는 사람이다. 가장 좋은 리더는 당연히 가장 좋은 사람이어야 한다. 나아가 가장 좋은 리더를 선택하고 싶다면 우리 자신도 좋은 사람들이 되어야 할 필요가 있다. 진정으로 좋은 것이 무엇인지를 알고 행동하는 사람들이 가장 '좋은' 리더를 선택할 수 있기 때문이다. 리더십의 주체는 리더뿐만 아니라 리드되는 사람들이다. 리더십은 리드하는 사람과 리드되는 사람이 함께 만들어 나아가는 것이다. 이것이 진정한 민주주의 이상이 되어야 한다.

장영란 | 한국외대

고대 그리스 철학자들이 바라본 법의 지배와 법의 한계

소크라테스(Socrates, BC 470?-BC 399)

이 세상에 법 없이 살 수 있는 사람은 단 한 명도 없다. 이에 20세기를 대표하는 법철학자 드워킨(R. Dworkin, 1931 - 2013)은 법이란 우리가 생존을 위해 반드시 지녀야 하는 "칼이자 방패"이며, 인간은 예외 없이 "법의 제국의 신하"라고 갈파한 바 있다. 그렇지만 법의 중요성에 대한 강조가 마치 법만 있으면 세상 모든 문제를 해결할 수 있다는 식으로 행동해도 됨을 의미하지는 않는다. 왜 그런가? 약 2,500년 전 그리스 아테네에서 활동했던 철학자들을 소환해서 음미해 보자.

역사 속의 독재자들이 주장했던 바와 달리, 소크라테스는 결코 악법도 법이라고 말하지 않았다. 그렇다고 그가 일부 법률가들의 해석처럼, 절차에 따라 제정된 법은 개인적인 손해를 감수하더라도 반드시 준수해야 한다고 말한 것도 아니다. 이러한 해석은 한 명의 위대한 철학자를 단순히 형식적 법치주의의 신봉자로 평가하는 부적절한 처사일 것이다. 그렇다면 당시 정황상 탈옥이 충분히 가능했음에도 불구하고 독배를 마시고 최후를 맞이한 소크라테스의 본심은 무엇이었을까?

소크라테스의 철학 활동을 살펴보면, 그는 당시 자명한 것으로 받아들여졌던 불문법(도덕, 관습, 신탁 등)이 현실에서 무비판적으로 수용될 만큼 타당한가, 또한 이것의 정당성과 가치는 어떻게 확보될 수 있는가에 대해 끊임없이 질문을 던지고 토론하면서 일생을 보낸 인물이다. 따라서 법에 대한 그의 태도는 단순히 법은 존재하기 때문에 무조건 정당한 것이라거나, 그것이 현실적으로 문제가 있더라도 일단 지켜야 한다는 식의 주장과는 상당한 거리가 있다.

우리는 소크라테스가 독배를 택한 이유가 시민의 한 사람으로서 형식적 타당성을 갖춘 재판과 판결을 거부할 수는 없지만, 그 판결의 정당성에 대해서는 수긍할 수 없음을 역설적으로 죽음을 통해서 알리고자 했던 것은 아닌지 물을 수 있다. 즉 그는 법과 제도가 아무리 잘 갖추어져 있더라도 그것이 제대로 운용되지 못하면 아무 의미가 없으며 심지어 세상을 옥죄는 도구가 될 수도 있음을, 평생 조국의 계몽을 위해 살았던 자신의 뜻하지 않은 '죽임당함'을 통해 보여주려 했다는 것이다.

소크라테스 사후 한 세대 정도 지난 시점에 아테네에서 철학 활동을 전개한 아리스토텔레스는, 현실은 다변적이기에 규격화된 법 규정으로 모든 사태를 포괄할 수는 없다는 점을 통찰하였고, 따라서 우리가 법 자체만을 목적으로 삼을 경우 형식적 법치주의에 함몰될 수 있음을 경고하였다. 나아가 그는 법조문의 기계적인 적용으로 인해 발생할 수 있는 법률만능주의(legalism)의 폐해를 극복할 방안으로 '근원적 공정성'(epieikeia) 개념을 제시하였다. 우리는 어떤 경우에도 현실의 법조문에 지나치게 속박되어서는 아니 되며, 오히려 법의 근본 의도에 따라서, 즉 입법자가 미리 인지했다면 당연히 포함했을 것에 따라 법의 부족한 점을 바로잡고 보충하도록 노력해야 한다는 것이다. 실질적 정의는 법의 한계를 인지함으로써 법적 정의를 바로잡으려는 노력 속에서만 어렵게 실현될 수 있음을 강조한 것이다.

현재 한국 사회에서 최악의 직업은 여의도를 중심으로 한 정치인 그룹이다. 그중에서도 특히 심각한 부류는 후안무치를 정치적 용기나 과단성으로 포장한 채, 한 줌의 법률 지식을 전가의 보도인 양 휘두르며 날뛰는 일부 법조인 출신 정치인들이다. 자신의 정치적 행위는 형식적 법치주의 중에서도 가장 낮은 단계인 법률만능주의를 맴돌면서, 정적이나 일반 시민의 일거수일투족은 개인의 권리 보호, 복지 구현, 공동체 보존 등 실질적 법치주의의 관점에서 준엄하게 꾸짖는 행태를 보란 듯이 반복하고 있는 것이다.

"법이 통치자들의 주인이고, 통치자들은 법의 종인 곳에서만 구원이 생긴다"는 플라톤의 단언을 되새기면서, 특히 법조인 출신 정치인들에게 법의 역할과 한계에 관한 인문학적 성찰의 계기가 반드시 주어지기를 기대한다.

서영식 | 충남대

로마공화정 최후의 리더스피릿, 카이사르와 옥타비아누스

옥타비아누스
(Octavianus, BC 63-AD 14)

　흔한 오해와 달리 카이사르(Caesar, BC 100－44)는 단순히 군대와 민중을 앞세워 오백년 공화정을 전복하려 했던 실패한 독재자가 아니다. 그는 원로원에 기반한 귀족세력의 과두체제에 다름 아닌 공화정으로는 이미 제국의 길로 접어든 로마의 미래를 담보할 수 없음을 깨닫고, 갈리아에서 귀환한 직후부터 생의 마지막 순간까지 낙후된 조국의 정체(政體)와 사회제도를 변혁시키고자 부단히 노력했던 혁명가였다.

　내란 종식 후 40여 년간 이어진 옥타비아누스(Octavianus, BC 63－AD 14)의 집권기 행적은 그가 로마의 미래에 관한 양부 카이사르의 국정 청사진을 명확히 파악하고 있었고, 나아가 현실에서도 이를 거의 완벽하게 구현하였음을 확인시켜 준다. 그는 카이사르 사후 10년 가까이 지속된 권력투쟁을 자신만의 방식으로 종식시켰을 뿐만 아니라, 정국이 안정되자 로마가 지중해 최강국의 지위를 확고히 하는 데 필요한 일련의 개혁조치를 위해 자신의 좌우명처럼 "천천히 서둘렀기"(festina lente) 때문이다.

　강력하고 찬란한 마음을 지녔던 카이사르가 로마의 변혁을 위해 좌고우면하지 않고 질주했고 그 과정에서 보수적인 귀족세력(optimates)과의 대결도 불사했다면, 옥타비아누스는 점진적인 개혁의 발판 마련을 위해 우선 기득권층을 진심으로 포용하고 그들의 마음을 사는 일에 집중하였다. 그러나 그는 집권 후에도 공화정 폐지와 왕정복고를 노린다는 의심 속에서 죽임을 당한 기피 인물의 양자라는 꼬리표를 쉽게 떼어낼 수 없었다. 옥타비아누스는 이 애매한 상황을 극복하고 진정한 리더로 인정받기 위해 정공법을 택한다. 즉 그는 집권 3년 차를 맞이한 기원전 27년 초 원로원에 출석하여 공직 사퇴와 함께 국정에 관한 모든 권한을 원로원에 이양한다고 선언함으로써 정가의 분위기를 일거에 반전시킨 것이다. 역사는 이날의 사건을 이른바 '공화정 회복'(res publica restituta) 선언으로 기술하고 있다.

　다른 한편 옥타비아누스는 과거 카이사르와 대립했던 공화파 인물들의 후손도 실력이 어느 정도 입증되면 주저 없이 고위직에 등용하는 등 인사에서 기대 이상의 개방적인 태도를 유지했다. 예컨대 옥타비아누스는 키케로의 큰아들이 집정관(BC 30) 자리에 오르고 또한 시리아 총독(BC 28)으로 지명될 수 있도록 배려하였다. 키케로는 살아서는 공화정의 원로이자 실세로서 국정운영에 막강한 영향력을 행사했으며, 2차 삼두정치 초반 옥타비아누스의 묵인하에 안토니우스에 의해 살해당한 후에는 공화정 수호를 위해 초

개와 같이 목숨을 바친 영웅으로 은밀하게 숭배되는 인물이었다.

나아가 옥타비아누스는 점진적인 개혁과정에서 원로원 귀족들의 폭넓은 동의와 지지를 확보하기 위해 고대사회에서는 유례를 찾기 힘들 정도로 언론의 자유를 광범위하게 허용했다. 예컨대 로마판 용비어천가인 베르길리우스의 『아이네이스』에는 심지어 '신격화된 카이사르'(Divus Julius)의 지나친 권력욕을 책망하는 장면이 수차례 등장하기도 한다.

옥타비아누스는 구성원들에게 그들이 열망하는 미래를 새롭게 만들어서 보여주는 변혁적 리더의 자질을 지니고 있었다. 또한 그는 자신의 정치적 이상을 냉철한 판단력과 불굴의 용기 그리고 현대 경영학 용어를 빌려 표현하면, 당시로서는 새로운 차원의 '목표관리'(management by objectives) 시스템 도입을 통해 실현하고자 노력하였다. 그렇지만 그는 카이사르의 교훈을 되새기며 매번 자신의 정책을 신중하게 그리고 단계적으로 추진하였다. 또한 그는 이 과정에서 구성원들과 끊임없이 소통과 타협을 시도함으로써 그들이 자신이 제시하는 비전을 확실히 믿고 따를 수 있도록 유도하였다. 옥타비아누스는 "달팽이 걸음으로 나아가는 개혁가"(앤서니 에버랫)였던 것이다.

서영식 | 충남대

예수처럼 리드하라

예수(Jesus, BC 4?-AD 33?)

예수처럼 자신을 리드하라

사람들은 리더란 누군가를 이끄는 존재로만 생각한다. 그러나 진정한 리더는 먼저 자신을 이끌 수 있어야 한다. 자신이 누구이며 무엇을 해야 하는지 명확히 이해해야 하는 것이다.

예수는 자신이 누구인지 그리고 자신의 사명이 무엇인지 정확히 알고 있었다. 그는 자신이 하나님의 아들로서 인류를 구원하고 하나님 나라를 구현하기 위해 보내진 존재임을 알았고, 그것을 죽기까지 감당하는 것이 자신의 사명이라는 점도 깨달았다. 따라서 사탄이 "내게 엎드려 경배하면 천하만국을 네게 주리라"라고 유혹했을 때, "주 너의 하나님께 경배하고 다만 그를 섬기라"(마4:10)라고 말하며 물리칠 수 있었던 것이다.

또한 예수는 마지막에 "다 이루었다"(요19:30)고 말했다. 이 말은 일의 완성을 의미하는 것으로서, 사명을 완수했음을 뜻한다. 어떻게 예수는 흔들림 없이 사명을 감당할 수 있었을까. 그것은 분명한 관점(perspective)을 가지고 있었기 때문인데, 바로 하나님의 관점, 천국의 관점이었다. 예수는 "내 아버지여 만일 할 만하시거든 이 잔을 내게서 지나가게 하옵소서. 그러나 나의 원대로 마시옵고 아버지의 원대로 하옵소서"(마26:39)라고 기도하며, '하나님이 원하시는 것'만을 계속해서 상기했기 때문에 끝까지 사명을 감당할 수 있었던 것이다.

예수처럼 조직을 리드하라

조직을 이끌고 목표를 성취하는 것이 리더의 역할이다. 따라서 리더는 구성원을 목표를 공유하는 동료로 인식하는 것이 필요하다. 그러면 구성원은 내면에서 나오는 책임감을 바탕으로 목표 이상의 성과를 올릴 수 있다.

예수는 제자들을 종으로 생각하지 않았다. 오히려 동역자이자 후계자로 생각했다. 사실 예수의 제자들은 뛰어난 능력을 가진 사람들이 아니었다. 어부이거나 세리 혹은 직업조차 알려지지 않은 평범한 사람들이었다. 그러나 예수는 "나를 믿는 자는 내가 하는 일을 그도 할 것이요 또한 그보다 큰 일도 하리니"(요14:12)라고 말하며, 제자들에게 자신의 능력을 가르치고 보여주었다. 이것이 어떻게 가능했을까. 예수는 자신이 떠난 이후 자신을 대신해서 사명을 감당할 사람들이 필요하다는 것을 알고 있었다. 그래서 '사람 낚는 어부'로 제자들을 불렀고 3년여 동안 자신의 행동을 직접 보여줌으로써 제자들을 훈련시켰다.

또한 예수는 최종적으로 제자들에게 권한을 위임했다. "예수께서 그의 열두 제자를 부르사 더러운 귀신을 쫓아내며 모든 병과 모든 약한 것을 고치는 권능을 주시니라"(마10:1)는 구절에서 볼 수 있듯이, 그는 자신의 권능을 양도하고 자신이 했던 행동을 제자들에게 하도록 명령했다. 권한을 위임한다는 것은 단순히 일을 맡긴다는 것이 아니다. 그것은 예수가 보여주었듯이, 전적인 신뢰의 표시이며 함께 있으면서 필요할 때 도움을 줌으로써 능력을 한층 더 높여주는 것이다. 그래서 베드로는 자신이 물에 빠질 때 즉시 손 내밀어 주었던(마14:31) 예수의 도우심을 믿고 담대하게 복음을 전할 수 있었던 것이다.

예수처럼 세상을 리드하라

"내 형제 중에 지극히 작은 자 하나에게 한 것이 곧 내게 한 것이니라"(마25:40)라고 말했듯이, 예수는 신에 대한 사랑이 곧 인류에 대한 사랑이라고 생각했다. 최고의 사랑은 조건 없는 자기희생이다. 예수는 인류 구원을 위해 기꺼이 십자가의 고난을 선택했다. 그리고 제자들에게 "내가 너희에게 행한 것 같이 너희도 행하게 하려 하여 본을 보였노라"(요14:15)라고 하며 사랑을 실천할 것을 권고했다.

예수는 전 세계를 돌아다니며 설교한 것도 혹은 혁명을 일으킨 것도 아니었다. 예수는 자신처럼 행하도록 제자들을 훈련시켰을 뿐이다. 그런데 그 11명의 제자가 로마제국을 변화시켰고, 지금은 수천만의 제자들이 세상을 변화시키고 있다. 2010년 작고한 고 이태석 신부를 상기해 보자. 그는 '지극히 작은 자 하나에게'라는 예수의 말에 이끌리어 아프리카 수단으로 갔다. 그곳에서 8년 동안 매일 200~300명의 환자를 진료하며 봉사했지만, 정작 자기 몸이 병드는 줄은 몰랐다. 결국 47세에 대장암으로 세상을 등졌지만, 예수의 길을 따랐던 이태석 신부를 본받으려는 57명의 의사가 수단 현지에서 새롭게 탄생하였다. 하나의 밀알에서 57개의 열매가 맺혀지는 기적이 일어난 것이다.

세상도 마찬가지이다. 어떤 조직이든 리더가 헌신하고 희생하는 모습을 보이면, 구성원들이 변화되고 그들을 통해 세상이 천천히 변화하는 것이다. 세상의 변화를 잉태할 작은 밀알의 등장을 기대해 본다.

김충현 | 충남대

그리스도교 세계에서 인정받은 '이슬람의 기사' 술탄 살라딘

살라딘(Salah-ad-Din, 1138-1193)

살라딘은 1137년에 이라크 북부 티크리트의 쿠르드족 집안에서 태어났다. 쿠르드족은 오늘날과 마찬가지로 당시에도 독립 국가를 이루지 못하고 셀주크 튀르크에 복속되어 있었다. 그런데 그 변방 출신 살라딘이 수니파의 시리아와 시아파의 이집트를 통일하고 십자군으로부터 예루살렘을 해방시켜 거대한 '제국'을 건설했을 뿐만 아니라 놀랍게도 그리스도교 세계에서는

'이슬람의 기사'로 존경받는 인물이 되었다. 그는 무슨 일을 한 것일까?

'이집트와 시리아의 술탄' 살라딘의 기사로서의 면모는 그리스도교 십자군과의 전투에서 잘 나타난다. 살라딘은 1187년의 하틴 전투에서 그리스도교 연합군을 대파하고 1만 5천여 명을 포로로 잡았다. 협정을 위반하여 전쟁의 발단이 된 안티오키아 공작 르노 드 샤티옹은 분노한 살라딘이 직접 처형했다. 포로 가운데 230명의 성전기사단과 구호기사단 기사들은 관례대로 처형했고, 보병들은 노예로 매각했다. 그러나 예루살렘 국왕 기 드 뤼지냥, '신성한 땅'의 제후들, 성전기사단장 리드포르는 살려 주었다. 아마도 정치적인 목적에서였을 것이다.

살라딘은 곧이어 예루살렘 공격에 나섰다. 1099년 십자군의 예루살렘 정복은 "도랑처럼 흐르는 피가 발목까지 닿았다"라는 말이 돌 정도로 잔인했지만, 1187년 10월 살라딘의 예루살렘 수복은 평화적으로 진행되었다. 협정에 의해 주민들은 몸값을 지불하는 조건으로 예루살렘에서 빠져나갈 수 있었다. 살라딘은 몸값을 지불하지 못하는 가난한 사람들에게는 직접 몸값을 내주는 등 관용적이고 인도주의적인 모습을 보여주었다. 살라딘은 그리스도교도들의 성묘교회에 손대지 않았고, 그리스도교도들의 예루살렘 순례도 막지 않았다. 그러나 살라딘은 독실한 수니파 이슬람교도였다. 그는 바위돔의 황금십자가를 제거했고, 미흐랍을 가리는 벽을 파괴했으며, 솔로몬 성전을 알아크사 모스크로 되돌려놓았다.

'이슬람의 기사'라는 이미지는 잉글랜드의 사자심왕 리처드와의 대결에서도 잘 나타났다. 리처드는 살라딘의 예루살렘 점령이 계기가 되어 결성된 제3차 십자군의 주역으로서 '사자심왕'이라는 별명이 말해주듯 당대 최고의 명성과 무훈을 자랑하는 용맹스러운 기사였다. 십자군은 예루살렘 앞까지 진격했으나, 리처드는 내분과 물자 부족 때문에 무력으로 성지를 탈환하는 것은 어렵다고 판단하여 살라딘과 평화조약을 맺고 귀향길에 올랐다. 전쟁 내내 살라딘과 리처드는 상대방에게 호의를 보였으며 존경심을 표했다. 팔레스타인을 떠나며 리처드는 조만간 다시 돌아올 테니 그때 승부를 결정짓자고 말했고, 살라딘은 내가 이 땅을 누군가에게 잃어야 한다면 당신 같은 훌륭한 적에게 잃고 싶다고 화답했다. 그러나 두 사람의 재대결은 성사되지 않았다. 살라딘이 1193년 3월에 병으로 사망했기 때문이다. 그는 "이제야 유수프가 그의 감옥에서 해방되는구나"라는 유명한 말을 남겼다는 말이 전해진다.

살라딘은 탁월한 군사 지도자였을 뿐만 아니라 관대한 정치가였다. 그가 포로를 처형하거나 노예로 팔아넘긴 것은 당시로서는 전혀 이례적인 행위가 아니었다. 이례적인 행위는 적에게 관용을 베풀어준 것이다. 전사로서의 용맹함과 신앙인으로서의 관용정신을 겸비한 살라딘은 '이슬람의 기사'라는 영예를 부여받았다. 14세기 초 단테는 『신곡』에서 살라딘을 지옥이 아닌 림보에서 소크라테스, 플라톤과 함께 있는 고결한 이교도로 등장시켰다. 계몽주의 시대 독일의 작가 레싱의 희곡 『현자 나탄』은 살라딘을 지혜와 관용을 겸비한 군주의 모범으로 여긴 서양의 인식을 잘 보여준다. 반면에 이슬람 세계에서는 적에게 관대했던 살라딘보다는 엄격한 전사의 모습을 보인 몽골 항쟁의 영웅 바이바르스를 더 높게 평가해 왔다. 살라딘이 이슬람 세계를 통합한 것은 후대에 와서야 주목받았다.

우리나라는 이슬람 세계와 직접 접촉한 역사가 없으면서도 무슬림을 "한 손에는 코란, 한 손에는 칼"을 든 잔혹한 광신자요 테러리스트로 보는 경향이 강하다. 그러나 학계에서는 무슬림이 그리스도교도들에 비해 관용적이었다고 보는 게 일반적이다. 살라딘의 관용과 휴머니즘이 무슬림에 대한 그릇된 인식과 편견을 바꾸는 단초가 될 수 있을까?

김응종 | 충남대

시에나의 카타리나, 교황을 움직인 여성의 리더스피릿

시에나의 카타리나(Caterina da Siena, 1347-1380)

970년 10월 4일에 교황 바오로 6세는 시에나의 카타리나를 교회 박사이자 이탈리아 수호성인으로 선포했다. 아빌라의 테레사에 이어 교회 박사로 선포된 두 번째 여성인 카타리나는 '일치의 박사'라는 호칭으로도 알려져 있다.

그녀가 '일치의 박사'라고 불리는 이유는 교황청이 로마에서 아비뇽으로 이주해 있으면서 프랑스 왕의 영향력 아래 있었던 시기, 이른바 '아비뇽 유수' 기간 중의 마지막 교황인 그레고리 11세에게 편지를 보내어 로마의 주교좌를 아비뇽에서 다시 로마로 옮기도록 호소했기 때문이다. 아울러, 그 이후에 두 명 이상의 교황이 난립하면서 진행된 '서방 교회의 대분열'이 시작될 때 아비뇽에서 선출된 대립 교황을 반대하고 그레고리 11세의 후임자이며 로마에서 선출된 이탈리아 나폴리 출신의 우르반 6세를 지지한 것 때문이다. 이에 카타리나를 교회의 박사로 선포한 교황 바오로 6세는 1969년 4월 30일 성녀 카타리나 축일에 있었던 수요 일반 알현에서 다음과 같이 카타리나의 업적에 대해 치하했다.

> "(아직 40대이던) 프랑스 출신의 젊은 교황 그레고리 11세, 건강이 좋지 않고 마음이 약한 그를 설득해서 아비뇽을 떠나게 한 사람은 바로 카타리나라는 사실을 우리는 반드시 기억해야 합니다…. 그레고리 11세의 갑작스런 죽음 이후에 대립 교황 클레멘트 7세의 선출로 시작된 '서방교회의 대분열'의 첫 번째 중대한 사건에서 그레고리 11세의 후임자였던 우르반 6세를 지지한 것도 카타리나입니다."

바오로 6세의 말을 통해서 확인할 수 있는 것처럼, 카타리나의 편지글이 교황을 움직여 '아비뇽 유수'를 끝냈다는 점에서 일치의 박사로, 서방교회의 대분열 기간에 이탈리아 출신의 교황을 지지했다는 점에서 이탈리아의 수호성인으로 시성된 것을 알 수 있다. 그런데 흥미로운 것은 카타리나가 그레고리 11세에게 편지를 보냈을 때, 그녀의 나이가 아직 30세가 채 되지 않았던 시기라는 점이다. 과연 20대 후반의 젊은 여성이 남성 중심의 중세 교회와 중세 사회가 부과했던 제약을 어떻게 뛰어넘을 수 있었을까? 과연 어떠한 이유로 20대 여성이 교황에게 편지를 보내는 행위를 통해서 교회 정치에 직접 참여했을까? 또한, 이러한 참여가 교회사의 흐름에 직접적인 영향을 미칠 수 있었던 이유는 무엇이었을까?

위의 세 가지 질문들은 '어떻게 20대의 젊은 여성이 교황에게 영향력을 발휘할 수 있었을까?'라는 하나의 질문으로 요약할 수 있다. 20대 여성이 40대의 교황에게 편지를 보내고, 교회 정치에 관여하여 직접적인 영향을 끼쳤던 것을 주목해 본다면 리더십의 관점에서 생각해 볼 수 있다. 왜냐하면 리더십 분야의 전문가인 존 맥스웰은 리더십의 본질을 '영향력'으로 정의하기 때문이다.

카타리나가 교회 정치에 참여했던 일과 관련해 여성의 리더십을 연구할 때 주의해야 할 점이 있는데, 바로 '리더십'에 대한 개념이다. 일반적으로 리더의 역할, 리더라는 포지션에 있는 사람들의 역할을 리더십이라고 하는데, 카타리나의 경우에는 리더의 역할을 맡은 것은 아니었다. 카타리나뿐만 아니라 대부분의 중세 여성의 경우 수녀원장을 제외하고는 리더의 역할을 맡지 않았다. 따라서 중세 여성을 연구할 때 '리더십'을 적용하기는 어려운 부분이 있는데, 이때 유용한 개념과 용어가 '리더스피릿'이다.

'서양 중세 여성'을 연구하다 보면, 비록 그들의 직책이 '리더'의 위치에 있는 것은 아니더라도 그들의 영향력이 실제적인 '리더'임을 보여주는 사례들을 확인할 수 있다. 중세 여성들을 주목하는 이유가 그들의 영성에 있다고 할 때, 특별히 카타리나가 보여준 영성은 리더의 역할이 교황이나 주교 등과 같은 교회 내에서의 포지션에 있는 것은 아니라는 사실을 확인시켜 준다. 오히려, 리더로서의 스피릿 또는 리더의 정신과 영성이 리더십의 본질 그리고 역할과 직결되어 있다는 것을 보여주고 있다. 이렇게 본다면, 수도 생활을 하는 카타리나가 교황에게 편지를 보내어 교황청을 아비뇽에서 다시 로마로 옮기도록 역할을 한 것은 리더스피릿을 발휘한 것으로 이해하는 것이 타당할 것이다.

카타리나가 보여준 리더스피릿의 본질은 무엇이었을까? 그것은 다름 아닌 그녀가 속한 공동체에 대한 사랑이었다. 그녀가 속해 있었던 교회 공동체에 대한 사랑, 그녀가 속해 있었던 국가 이탈리아에 대한 사랑, 무엇보다도 그리스도인이라는 정체성 기반인 그리스도에 대한 사랑이었다.

모든 리더가 자신이 속한 공동체에 애정을 가지고 그 공동체를 위해 리더십을 발휘하는 것은 아니다. 모든 리더가 자신이 속한 민족과 국가에 대한 사랑을 가지고 민족과 국가에 봉사하는 마음으로 자신의 권력을 사용하는 것도 아니다. 모든 리더가 자신의 정체성을 확인하고 그 정체성의 토대가 되는 대상에 대한 애정을 가지고 활동을 하는 것은 더더욱 아니다. 그러나 카타리나는 자신이 속한 공동체에 대한 사랑과 자신의 영성으로 영향력을 발휘해 실제적인 리더인 교황을 움직이게 만들었다는 점에서 리더스피릿의 모델이라고 할 수 있다.

양정호 | 장로회신학대

엘리자베스 1세와 공공성

엘리자베스 1세(Elizabeth I, 1533-1603)

한국은 광복 이후 경제성장과 함께 민주주의 발전을 동시에 이룬 보기 드문 국가이다. 그러나 전후복구를 위해 경제 성장에 중심을 둠으로써 많은 문제를 야기했으며 최근 그 후유증이 심각해지고 있다. 이에 따라 빈익빈 부익부에 따른 계층분열, 자연 난개발로 인한 환경문제 및 차별과 혐오의 문제 등이 나타나고 있다. 이는 모두 타인에 대한 이해와 배려보다는 나만 생각하는 이기심에서 비롯된 것이라 할 수 있다. 따라서 한층 성숙한 사회를 만들고, 현재의 문제들을 해결하기 위해 우리는 '사적'인 것보다는 '공적'인 것, '나'와 더불어 '모두'의 행복과 발전을 생각할 때이며, 그렇기에 바로 지금이 공공성에 기반을 둔 리더십을 고민해야 하는 순간이다.

공공성이란 무엇일까. 공공성은 매우 모호하고 논쟁적인 개념이지만, 일반적으로 '개인과 사회가 함께'(common) 사적인 이익보다는 '공적인'(public) 이익을 추구하는 '과정 및 가치'를 말한다. 그런데 공공성은 행위주체가 누구인가에 따라 그 과정과 가치가 달라진다. 그렇다면 국가 차원에서의 공공성은 어떻게 실현될 수 있는가. 국가의 공공성은 지도자가 국민과 소통하며 국민과 함께 통치하고(with the people), 국민을 위한 통치를 할 때(for the people) 실현될 수 있다. 16세기 영국을 통치했던 엘리자베스 1세(Elizabeth I, 1533–1603)는 국가의 공공성을 잘 보여주는 인물이다.

엘리자베스는 19세기 '해가 지지 않는' 영국의 기틀을 마련한 인물로 그리고 '영국인으로부터 가장 사랑받는 군주'로 추앙받고 있다. 그러나 엘리자베스가 물려받은 영국은 그렇게 강력한 국가가 아니었다. 당시 영국은 유럽의 끝자락 섬나라에 불과했으며, 프랑스와의 백년전쟁(1337–1453), 왕권을 둘러싼 장미전쟁(1455–1487) 그리고 뒤이은 신·구교의 종교갈등으로 만신창이가 되어 있었다. 게다가 엘리자베스 스스로는 어머니 앤 불린(Anne Boleyn, 1501–1536)이 간통혐의로 처형된 후 사생아로 강등되기도 했었다.

이런 상황에서 엘리자베스는 어떻게 영국을 강대국으로 이끌었을까. 우선 엘리자베스는 국민과 함께 통치하는 방법을 선택했다. 영국에는 1215년 대헌장(Magna Carta, 왕의 의지가 법으로 제한될 수 있음을 인정) 이후 이어져 온 의회제도가 있었는데, 엘리자베스는 이를 존중하며 의회와 함께 통치했다. 물론 45년의 통치기간 동안 단 10번, 총 2년 4개월 의회가 소집된 것은 많은 횟수가 아니다. 그러나 엘리자베스는 양보와 타협을 적절히 구사하며 의회와의 공치(共治)를 저버리지 않았다. 예를 들어 1563년 의회가 결혼문제를 거론하며 엘리자베스가 요구한 세금을 승인해주지 않자, 엘리자베스는 '오래 지속된 문제를 짧은 시간에 해결하려 하면 안 되겠지요. 그래서 지혜로운 분들과 협의를 통해 여러분을 위하는 일이 무엇인지 알아보려고 합니다. 저는 죽는 날까지 … 여러분의 이익을 추구할 것입니다'라고 하여 의회를 존중하는 모습을 보였고, 의회는 그녀가 원했던 것보다 많은 세금을 승인했다.

둘째, 국민과의 직접적인 소통을 시도했다. 엘리자베스의 별명은 처녀왕 (Virgin Queen)으로 그녀는 평생 독신으로 살았다. 당시에 여성의 독신은 핸디캡이었지만, 엘리자베스는 이를 장점으로 승화시켜 이미지 구축에 이용하였다. 바로 아들 예수에 대한 복종과 사랑의 이미지를 가진 마리아에 자신을 투영시켜, '국민에 대한 섬김과 사랑의 여왕'임을 강조했던 것이다. 즉 엘리자베스는 국민이 자신의 왕권을 지탱하는 중요한 요소임을 알고 국민에게 어머니로서 다가가고자 했던 것이다. 국민과의 소통은 대관식 행진에서도 나타난다. 1559년 1월 14일 대관식을 위해 엘리자베스는 도심을 행진하여 런던탑에서 웨스트민스터로 향했다. 엘리자베스는 매우 느리게 행진하면서 계속 마차를 세우고 백성들이 내미는 꽃다발을 받았고, 멀리 있는 사람들에게는 손을 흔들거나 가까이 있는 사람들에게는 부드러운 어조로 말을 건네기도 했다. 또한 거의 매년 지방순시를 시행했는데, 치세 동안 255개의 지역을 이동하며 국민들에게 다가가고자 노력했다.

셋째, 엘리자베스는 국민을 위한 통치에 힘썼다. 국가차원에서 공공성은 책임의 문제이다. 책임이란 곧 타인의 고통과 비참함을 돌보는 것, 특히 보호막이 없는 나약한 존재들을 보호하는 것을 말한다. 엘리자베스가 왕위에 올랐을 때, 영국은 두 갈래로 갈라져 있었다. 원래 가톨릭 국가였던 영국은 헨리 8세(Henry VIII, 1491-1547)에 의해 개신교 국가가 되었고 다시 메리 1세(Mary I, 1516-1558)에 의해 가톨릭 국가로 바뀌었다. 이러는 사이 왕들은 각자의 종교에 따라 상대 종교를 박해하면서 국민들을 두렵게 했다. 이런 상황에서 엘리자베스는 1559년 통일령(Act of Uniformity)을 통해 종교를 통합하고 국민을 죽음의 공포에서 벗어나게 해주었다. 엘리자베스의 이런 애민 정신은 전장에서도 발휘되었다. 1588년 스페인이 영국을 공격했을 때, 그녀는 전장으로 달려가 "나는 지금 여러분에게 와 있습니다. 오락과 재미로 온 것이 아닙니다. 전쟁의 한복판에서 여러분과 함께 살고 죽기로 결심했기 때문입니다. 신을 위해, 왕국과 백성을 위해, 나의 명예와 피를 먼지 속에 내던지고자 결심했기 때문입니다."(*Speech to the Troops at Tilbury*, 1588)라고 하며 병사들과 함께했던 것이다.

이렇듯 엘리자베스는 의회와 국민과 소통하면서 그들과 '함께', 그리고 국민의 고통과 비참함을 해소하면서 그들을 '위해' 통치하였고, 결국 약소국이었던 영국이 강대국으로 가는 발판을 마련하였다. 즉, 엘리자베스의 통치에는 항상 국민이 자리하고 있었던 것이다. 현재 여러 갈래로 갈등하는 한국사회가 엘리자베스의 공공리더십을 눈여겨보아야 하는 이유이다. 21세기 대한민국을 선도하기 위해 '국민과 함께' 그리고 '국민을 위해' 역량을 발휘할 리더의 출현을 기대해 본다.

김충현 | 충남대

볼테르와 관용의 리더십

볼테르(Voltaire, 1694-1778)

해방 이후 한국사회에는 갈등이 존재하지 않았던 적이 없었다. 한국전쟁 이후 첨예하게 대립했던 이념 갈등부터 지역 갈등, 세대 갈등, 그리고 최근 가장 심각한 것으로 생각되는 젠더 갈등까지 우리는 계속되는 갈등을 경험하고 있다. 민주주의 사회에서 생각의 차이, 그리고 그로 인한 갈등은 그리 이상한 것은 아니다. 다만 문제는 그 갈등이 건전하게 해결되지 않으면 결국 증오와 혐오로 변하고 마침내 폭력으로 이어진다는 것이다.

갈등을 건전하게 해결하는 방법은 무엇인가. 18세기로 거슬러 올라가 볼테르(Voltaire)와 그가 주창한 관용(Tolérance)에서 그 해답을 찾아보자. 검열을 피하기 위해 볼테르라는 필명으로 활동했던 프랑수아 마리 아루에(Françoix-Marie Arouet, 1694-1778)는 18세기 프랑스를 대표하는 계몽사상가로서 '행동하는 지식인'의 표상이다. 프랑스 혁명 때 위인들을 모시기 위해 제헌의회가 마련한 장소인 팡테옹(Panthéon)에 첫 번째로 안장된 인물도 볼테르였다. 사형제를 폐지한 빅토르 위고(Victor-Marie Hugo, 1802-1885), 「나는 고발한다」(J'accuse, 1898)를 통해 드레퓌스 재판의 부당함을 고발했던 에밀 졸라(Émile Zola, 1840-1902)는 자신들을 볼테르의 뒤를 잇는 투사라고 생각했다. 그리고 알제리 독립을 지지하며 정부에 대항했던 사르트르(Jean-Paul Sartre, 1905-1980)를 구속하라고 측근들이 요구했을 때, 드골 대통령은 '볼테르를 감옥에 가둘 수는 없다'라고 말하기도 했다.

프랑스 지식인들은 왜 볼테르를 소환하는가. 볼테르가 살았던 18세기는 계몽주의 시대였다. 그러나 마녀사냥의 광기가 여전히 사라지지 않았고, 종교적 신념이 다르다는 이유로 서로를 죽이기까지 했던 시대였다. 대표적인 것이 바로 '칼라스 사건'(l'Affaire Calas)이다. 1762년 장 칼라스(Jean Calas)는 아들을 살해했다는 혐의로 기소되어 사형에 처해졌다. 아들이 가톨릭으로 개종하려고 하자 개신교도였던 아버지가 아들을 살해했다는 것이다. 볼테르는 사건자료들에 대한 면밀한 조사 끝에 무죄를 확신하고 칼라스의 복권을 위해 투쟁했다. 그리고 칼라스에 대한 재심, 무죄, 복권, 보상금 지급으로 이어지는 결과를 만들어 내었다.

볼테르가 개신교의 종교적 신념을 지지했던 것은 아니었다. 그러나 그는 종교적 신념이 다르다는 이유로 칼라스가 부당한 재판을 받았던 것에 분노했고, 그것을 시정하기 위해 투사가 되었다. 그리고 부당함을 널리 고발하기 위해 『관용론』(Traité sur la tolérance, 1763)을 저술했다. 여기에는 우리가 알고 있는 "나는 당신의 의견에 반대하지만 당신의 말할 권리를 위해 죽음을 각오하고 싸우겠다"는 말은 없다. 그러나 볼테르는 "어떤 이들은 자비나 관용 그리고 종교의 자유는 가증스러운 것이라고 주장한다. 그러나 과연 자비나 관용, 종교의 자유가 그와 같은 재앙을 초래한 적이 있었던가"라고 반문하며, 관용을 호소했다.

관용이란 무엇인가. 관용은 단순히 너그럽게 용서한다는 것이 아니다. 그것은 다른 종류의 사고방식과 행위양식을 '존중'하고 자유롭게 '승인'하는 태도이다. 나와는 다른 사람 혹은 다른 존재 안에서 가치를 발견하고 그것에 '권리를 부여'하고자 하는 태도인 것이다. 본래 인간이란 존재가 오류와 편견으로 가득 차 있기 때문이다. 그래서 볼테르는 『관용론』의 마지막에서 이렇게 기도한다. "우리의 허약한 육체를 감추는 의복들, 부족한 언어들, 가소로운 관습들, 불완전한 법률들, 분별없는 견해들 … 인간이라 불리는 티끌들을 구별하는 이 모든 사소한 차이들이 증오와 박해의 구실이 되지 않도록 해주소서."

우리는 모두 불완전한 존재들로서 오류와 편견으로 가득 차 있다. 그런 우리가 느끼는 차이는 볼테르가 말한 것처럼 매우 사소한 것이다. 그렇기 때문에 어떤 점에서든 나와 다르다는 이유로 타인을 혐오하거나 타인에게 폭력을 행사하는 것은 옳지 못한 것이다. 역사적으로도 불관용은 파국을, 관용은 발전을 가져왔다. 스페인이 마녀사냥으로 유대인을 잃고 쇠퇴했고, 루이 14세가 종교박해로 개신교도들을 잃고 프랑스 경제를 위축시켰지만, 유대인과 프랑스 개신교도를 받아들인 네덜란드가 17세기 황금기를 맞이했던 것을 역사의 교훈으로 삼아, 갈등을 관용으로 극복하는 지혜가 필요한 때이다.

김충현 | 충남대

슐라이어마허의 『국가론』과 프랑스 혁명

슐라이어마허(F.D.E. Schleiermacher, 1768-1834)

슐라이어마허(F. D. E. Schleiermacher, 1768-1834)는 우리에게 여전히 낯설다. 그는 18세기 말에서 19세기 초에 활동한 철학자이자 신학자이며 사회정치적 현실에 투신했던 문화운동가다. 프랑스 혁명이 보여준 자유의 정신은 튀빙겐 슈티프트(Stift)의 3인방(헤겔, 횔덜린, 셸링)과 마찬가지로 청년 슐라이어마허를 근본적으로 흔들어놓았다. 혁명 직후부터 그는 여러 단편과

논문을 통해 혁명과 자유의 관계를 논했으며 설교를 통해 새로운 시대정신의 중요성과 의의를 대중에게 전달했다. 이러한 사유는 『윤리학』(1812/13), 『기독교 도덕론』(1822/23), 『국가론』(1829)으로 구체화된다.

초기 낭만주의 운동을 함께 했던 F. 슐레겔, 노발리스와 함께 슐라이어마허는 프랑스 혁명의 의도와 목표에 대해 질문하고 그 의미를 파악하려 했다. 혁명은 하나의 사건으로 끝나지 않고 역사화된다. 그가 볼 때 세계는 혁명을 통해 새로운 자유의 건립과정을 경험한다. 혁명의 본질적 내용은 앙시앙 레짐에 맞서는 공화적 자유의 이념이자 좋은 국가의 이념이다. 『국가론』은 자유를 정치적 원리와 좋은 국가의 이념으로 규정한다.

슐라이어마허는 프랑스 혁명과 자유의 사상을 긍정하면서도 혁명의 문제를 비판한다. 헤겔이 『정신현상학』에서 비판한 것과 유사하게 그도 프랑스 혁명에 대해 양가적(兩價的) 태도를 보인다. 혁명에 의한 폭력적 붕괴, 뒤따라 일어난 민주적 폭정과 공포정치가 이른바 '만들어진' 혁명의 한계였다는 것이다. 특히 루이 14세의 처형을 보고 '그 어떤 세계의 정치도 살인으로 정당화되지 않는다'고 평가한다. 『종교론』에서는 세계사적 사건을 대하는 프랑스인의 경박한 태도를 문제 삼기도 한다.

슐라이어마허는 프랑스 혁명의 자유사상을 높이 평가하면서도 이를 독일로 수입하는 것에는 반대한다. 양국의 상황과 삶의 양식이 다르다는 것이 그 이유다. 개인에게 고유한 성격이 있듯이 민족에게도 고유한 특징이 있다. 프랑스의 역사적 과정에 혁명의 불가피성이 있었다면 독일에는 이와 흡사한 정치적─사회적 상황이 없었다. 이런 이유로 슐라이어마허는 혁명보다 개혁을 추구한다. 그에게 개혁은 시대정신이자 공화국의 이상이다. 국가의 개선은 혁명을 통해서가 아니라 단계적인 개혁의 전개를 통해 이루어져야 한다. 그가 추구한 것은 정치의 평화적 진화였다.

슐라이어마허의 사상가적 리더십은 나폴레옹 저항 운동으로 나타났다. 베를린의 반나폴레옹 단체인 '선행연맹(Tugendbund)'과 윤리─학문 단체인

'베를린 무법회(Berliner Gesetzlose Gesellschaft)'를 주도했으며 반프랑스 모임에 적극적으로 참여했다. 이런 일에 연루되어 선동가로 몰리고 고발까지 당했으나 우여곡절 끝에 혐의를 벗고 '용맹인 기사' 훈장을 받음으로써 명예를 회복했다. 슐라이어마허는 시대의 설교자였다. 시대를 위한 설교의 기준은 '경건을 통해 개방되는 자유' 및 '시민사회적 덕으로서의 경건'이었다.

프랑스 혁명이 일깨운 자유의 정신은 인간성의 이상이다. 만인은 자유로운 존재이며 정신적 삶에 참여하는 존재일 뿐 결코 살아있는 기계가 아니다. 인간 일반은 기계적 활동과 노예적 복종을 극복하고 자유를 쟁취해야 하며, 국가는 사회와 문화의 발전을 보장함으로써 인간성을 보편적으로 성취해야 한다.

슐라이어마허의 『윤리학』과 『국가론』은 작금의 우리 현실에도 교훈적이다. 우리에게 진정한 정치적 리더가 존재하는가? 시민에게 진정한 자유의 의식과 인간성이 살아있는가? 정치 담론과 현실의 괴리, 정치적 리더와 시민의 분리, 자유 의식과 실천 의지의 불일치는 인간성(humanity)의 진정한 의미를 깨달을 때 극복될 수 있을 것이다. 인간성을 형성하는 개인성의 원칙과 사회적 통합은 분리될 수 없다.

최신한 | 한남대

'꼬마 상병'의 리더십으로 황제가 된 나폴레옹

아르콜레 다리 전투에서의 나폴레옹(1796.11.)

나폴레옹 보나파르트는 경이로운 인물이다. 식민지 코르시카 출신으로 본토 프랑스인들의 멸시와 조롱을 존경과 감탄으로 바꾸어, 공화정을 전복시키고 황제가 된 인물. 역사적으로 황제는 많지만 모두 제위를 계승했거나 찬탈했거나 혹은 왕이나 유력자로서 제국을 건설하여 황제로 등극했지 나폴레옹처럼 '흙수저'에서 황제가 된 사람은 전무후무하다.

성공에 도취한 나폴레옹은 자신이 운명이나 신의 보호를 받는다고 생각했다. 자신을 "정치적 메시아"라고 생각했으며, 자기의 생일인 8월 15일을 성나폴레옹 축일로 지정할 정도였다. '불멸' 이미지는 계속되어, 1821년에 세인트 헬레나섬에서 죽은 후에도 황제는 '죽지 않았다'는 소문이 돌았다. 황제는 여전히 살아 있으며 프랑스혁명의 평등주의를 성취하고 나라를 구하기 위해 돌아올 거라는 신화가 특히 민중 속에 퍼져 있었다. 덕분에 그의 조카가 삼촌의 후광으로 황제가 되었다.

나폴레옹이 신의 가호를 받아 황제가 된 것은 물론 아니다. 나폴레옹은 탁월한 능력과 리더십으로 황제가 되었다. 나폴레옹은 포병장교로서 수학에 특히 뛰어나, 수학에 기반한 과학적 전술을 세웠고, 전장에서는 병사들과 한 몸이 되어 싸웠다. 나폴레옹의 이러한 모습이 처음 드러난 전투가 1796년 11월 15일의 아르콜레 다리 전투이다. 27살의 젊은 이탈리아 원정군 사령관은 총알이 비 오듯이 쏟아지는 아르콜레 다리를 병사들의 선두에 서서 돌파했고, 병사들은 사령관에게 "꼬마 상병"이라는 귀여운 별명을 붙여주었다. 이렇게 나폴레옹은 명령만 내리고 통제하는 지휘관이 아니었다. 그는 항상 병사들과 함께했다. 함께 이집트의 뜨거운 사막을 행군했고, 함께 러시아의 혹한을 견뎌냈다. 나폴레옹의 전술은 적을 분리하여 수적 우위를 확보한 후 격파하는 것이었기에 그의 행군은 그만큼 더 가혹했다.

나폴레옹은 용감했다. 그는 죽음을 두려워하지 않았다. 난관에 부딪히면 언제나 정면 돌파했다. 러시아 원정에서 실패하고 제위에서 물러나 엘베섬에서 일종의 유배 생활을 하던 나폴레옹은 프랑스 정부가 자기를 암살하려 한다는 소문이 돌자 본토로 돌아가 권력을 장악하겠다고 결심했다. 1815년 3월 1일 나폴레옹은 소규모 부대를 이끌고 본토에 상륙하여 파리로 북진하던 중 루이 18세가 그를 체포하라고 파견한 병사들과 마주쳤다. 위기의 순간이었다. 나폴레옹은 홀로 당당하게 병사들 앞에 나아가 외쳤다. "나는 제군들의 황제다. 제군들 가운데 황제를 죽이고 싶은 사람이 있으면, 자, 쏴라!” 이 말을 들은 병사들은 모두 무기를 내려놓고 눈물을 흘리며 그에게 달려갔다. 이로써 모든 것이 끝났다. 나폴레옹은 “황제 폐하 만세”라는 함성을 들으며 “독수리가 날 듯” 파리까지 단숨에 진격했고, 다시 제위에 올랐다.

나폴레옹이 군인으로서, 정치가로서 뛰어난 리더십을 발휘했다는 것은 이론의 여지가 없다. 그렇다고 그에 대한 역사적 평가를 내리는 것이 간단하지는 않다. 그는 프랑스혁명의 무정부상태를 끝냈고 성과를 계승했지만, 지나치게 호전적이었다. 전쟁 승리를 통해 권력을 잡은 사람으로서 권력을 유지하기 위해서는 전쟁 승리가 필요했으니, 그가 전쟁에 매달린 것은 운명적이었다. 나폴레옹 전쟁으로 프랑스 측에서만 100만 명이 목숨을 잃은 것으로 추산되니, 이 점에서만큼은 전쟁광이라는 악평이 지나치지 않다.

이렇게 호전적이었지만, 그의 두 차례 양위 과정을 보면 다른 모습이 보이기도 한다. 러시아 원정과 워털루 전투에서 패한 후에도 나폴레옹에게는 여전히 군대가 있었으며 최종 승리의 자신감과 가능성이 없지 않았다. 게다가 그는 민중의 절대적인 지지를 받고 있었다. 그렇지만 그는 파리 시가전을 포기했다. 내전은 엄청난 희생을 동반할 것이기 때문이었다.

나폴레옹은 카리스마를 동반한 ‘강력한’ 리더십을 발휘했으며, 죽음을 두려워하지 않았다. 그는 사태를 기회주의적으로 관망하는 비겁하고 무능한 지도자가 아니었다. 그는 민중 속에 있었고, 민중의 지지를 받았으며, 역사상 처음으로 국민투표를 통해 황제가 되었다. 그러나 그는 민중에 휘둘리는 나약한 지도자가 아니었으며, 민중을 조종하거나 민중에 영합한 포퓰리스트도 아니었다. 그렇지만 그의 독선과 독단 때문에 프랑스인들은 그의 치세 내내 독재와 전쟁의 고통을 겪었다.

김응종 | 충남대

『페더럴리스트 페이퍼』,
자유와 민주주의 리더십의 교과서

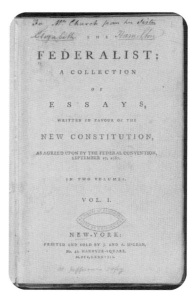

『페더럴리스트 페이퍼』 초판 표지, 1788

우리는 18세기 중반 아메리카 대륙의 식민지 해방과정을 흔히 '미국 독립 전쟁'으로 명명하곤 하지만, 그것은 '정치사적 관점'에서 볼 때 진정한 '혁명'이었다. 근대 객관주의 역사학의 창시자로 알려진 랑케(L. v. Ranke, 1795–1886)가 적절히 언급했듯이, 미합중국의 건국과정은 세계 정치사에서 가장 의미 있는 사건이었다. 그동안 정치철학자의 머릿속에만 존재했던 '주권재민' 이념이 현실에서 구현되었으며, 세습이 아닌 선출직으로 최고 국무위원을 뽑은 역사상 최초의 사례이기 때문이다.

이처럼 기념비적인 사건은 어떻게 시작되었으며, 어떤 과정을 거치며 완성된 것일까? 이 당시 『페더럴리스트 페이퍼』는 혁명의 사상적 배경이자 병풍이 되었다. 주지하듯이 이 책은 건국 당시의 대표적인 연방주의자들인 매디슨, 해밀턴, 제이가 1787년 가을부터 약 10개월간 반연방주의자들을 겨냥하여 연속적으로 게재한 신문 논설기사를 단행본으로 출간한 것이다.

이 저술을 읽다 보면, 미국의 선거철이 도래할 때 다시 떠오르는 질문들에 대한 나름의 대답을 발견하게 된다. 예컨대, 왜 미국 대통령 선거제도는 건국 이후 현재까지도 주(state)별 선거인단에 의한 간선제이며 이른바 '승자독식제'(winner-takes-all system)가 유지되고 있는가? 왜 어떤 주는 생명의 기원과 관련해서 진화론만 가르치는데 어떤 주는 창조론도 가르치는가? 왜 헐리우드 영화를 보면 일반 경찰은 주 경계를 넘은 범죄자의 추격을 포기하는데, FBI는 계속 추격하는가? 등.

이 작품의 표면상의 주제는 '연맹규약'(1781)에 의거한 느슨한 연맹체제의 문제점을 개선할 수 있는, 획기적인 '연방공화국'(federal republic)의 구성 방안이었다. 그렇지만 저자들이 지녔던 심층적인 문제의식은 다음 두 질문에 내포되어 있다. 본성상 욕망 덩어리인 인간 각자의 이익을 효과적으로 충족시키면서도 이 과정에서 발생하는 이해충돌을 최대한 방지할 수 있는 공동체의 건설은 어떻게 가능한가? 미국인들이 생각하는 가장 중요한 가치인 개인의 자유를 어떻게 최대한 보장할 수 있는가?

당시 신대륙 최고의 지식인 그룹에 속했던 저자들은 구대륙 유럽에서 수천 년에 걸쳐 숙성된 정치사상을 시대와 상황에 맞게 적용하는 노력을 기울였는데, 특히 근대 계몽주의 사상가들의 정치이념에 주목하였다. 그리고 국가수립과 정부체제 구성의 핵심 축을 사상적 차원에서 규명하는 작업에 성공하는데, 그것은 대략 세 가지로 정리된다. 첫 번째는 성악설을 토대로 한 인간본성에 대한 이해, 즉 이성보다는 감정과 열정의 중요성을 강조하는 입장이며, 두 번째는 삼권분립 및 견제와 균형으로 대변되는 권력분립과 신대륙 상황에 부합하는 혼합정체론이고, 세 번째는 유럽군주의 자의적인 통치와는 명백히 구별되는 바, 대화와 협력을 모델로 하는 새로운 국가형태, 즉 공화정에 대한 이해이다.

『페더럴리스트 페이퍼』의 중간 부분(51편)에는, "정의는 정부의 목적이다. 그리고 그것은 시민사회의 목적이다"라는 표현이 등장한다. 저술 당시나 지금이나, 한 국가나 사회의 존재이유를 이처럼 간명하게 표현한 경우는 찾기 쉽지 않다. 그리고 이 말에 책임지기 위해 정치지도자 그룹이 계파를 초월하여 리더십을 발휘하고 성공한 예는 더욱 찾기 어렵다.

해방 이후 좌우의 극심한 정치적 대립 속에서 우리는 자유민주주의 사상을 신생국 대한민국의 건국이념으로 받아들였다. 『페더럴리스트 페이퍼』에 내재된 정치철학적 사유는 이 이념의 사상적 뿌리에 해당되며, 따라서 이제는 이 저작에 대한 제대로 된 이해가 필요하다. 우리는 70여 년 전 자유민주주의를 정치체제의 근본이념으로 받아들였으면서도, 이 이념의 본래 모습과 내재적 가치를 서구사상사의 스펙트럼 속에서 제대로 파악하지 못한 채 단편적인 해석으로 일관해 왔다. 또한 자유민주주의는 일부 권위주의 정권에 의해 자의적으로 왜곡되고 정권유지의 이념적 수단으로 악용되기도 했다. 아직도 일반인의 의식 속에 자유민주주의에 대한 부정적인 인식이 자리 잡고 있는 상황을 이제는 점진적으로 개선해야 할 시점인 것이다.

서영식 | 충남대

윌리엄 로이드 개리슨과 노예제폐지론자들이 일구어냈던 '정치적 상상력'의 리더십

윌리엄 로이드 개리슨
(William Lloyd Garrison, 1805-1879)

1831년 초 미국 노예제폐지운동의 대부였던 윌리엄 로이드 개리슨 (William Lloyd Garrison)은 보스턴에서 <해방자(Liberator)>라는 급진적 노예제 폐지론 성향의 신문을 발간하기 시작했다. 개리슨은 <해방자> 첫 호에서 "나는 노예들을 즉각 해방하기 위해 불굴의 투쟁을 전개할 것이다. 이 문제에 관해 나는 온건하게 생각하거나, 말하거나, 글쓰기를 원치 않는다. 나는 진정성을 가지고 있다 − 나는 모호하게 얼버무리지 않을 것이다 − 나는 변명하지 않을 것이다 − 나는 단 한 발자국도 물러서지 않을 것이다 − 그리고 모두가 나의 목소리를 듣게 될 것이다"라는 선언을 통해 이전과는 확연하게 구별되는 비(非)타협적인 즉각적 노예제폐지운동을 전개하기 시작했다.

식민지시기를 포함하는 미국의 19세기 전반기 역사는 피부색만을 근거로 하는 인종주의적 노예제(racial slavery)의 역사라고 해도 과언이 아니다. 흑인들의 피부색을 "악마의 색깔"로 지칭하며 흑인들의 종신 및 세습 노예화를 정당화하고 있던 미국 사회는 심지어는 1787년에 제정되는 연방헌법 상에도 노예제 보호조항들을 명시할 정도로 반(反)자유주의적이며 반(反)민주주의적인 성격을 띠고 있었다. 미국 혁명을 전후한 시점에 노예제를 점진적으로 폐지했던 북부의 소위 '자유주들'에서도 자유흑인들은 북부 주들이 제정했던 '흑인법(black codes)'으로 인해 모든 정치적, 경제적, 사회적 불이익을 감수하고 살아갈 수밖에 없었다. 이런 이유로 미국 사회에서는 설령 노예해방에 대한 논의가 이루어진다고 하더라도 재산권 침해라는 주장하에 노예소유주들에 대한 경제적 보상 논쟁이 뒤따르는 것이 일반적이었으며 일종의 해방흑인 추방운동으로서 아프리카식민운동이라는 해괴한 인종분리정책이 제안되곤 하였다.

이러한 극단적인 인종주의적 노예제의 시대에 누군가 노예제 폐지를 부르짖는다는 것은 정신병자로 취급되거나 심지어는 국가적 혼란과 분열을 야기하는 무정부주의자 내지는 반역자로 인식될 정도였기에 노예제폐지운동에 뛰어든다는 것은 일종의 정치적·사회적 자살행위라고 해도 과언이 아니었다. 이런 시대였기에 당대의 미국민들 사이에서는 노예 해방이나 노예제 폐지라는 대의는 결코 상상할 수 없는 비(非)현실적 몽상에 불과했으며 설령 누군가 반(反)노예제운동을 전개한다 한들 일종의 정치적 타협과 패배주의 속에서 타락하기 쉬웠다.

이러한 어둠과 혼란의 시대에 개리슨과 개리슨주의자들은 기꺼이 나섰다. 이들이 본 노예제는 단순한 강제노동제도가 아니라 절대적 죄악이었으며 전 국민이 공모하는 국가적 범죄였고 미국의 미래를 어둡게 만드는 급박한 정치적 청산 과제였다. 하지만 정치권은 물론이거니와 국민들 대다수, 심지어는 양심적이라는 교회조차도 양심적 마비 상태에 빠져있었다.

개리슨과 개리슨주의자들은 노골적인 혐오와 차별 속에서도 대중들 의식 가운데 노예제 폐지라는 혁명적인 정치적 상상력을 키워나갔다. 이들이 전개했던 노예제폐지운동은 단순히 노예제라는 범죄적 법률제도의 폐지를 목표로 했던 것만은 아니었다. 이들은 노예제라는 극악(極惡)이 배양하고 있던 또 다른 죄악들과 범죄행위들의 청산을 통한 총체적 사회개혁운동을 지향하고 있었다. 이들은 무기력한 정치권을 질타하며 정치개혁을 부르짖었고 비(非)양심적인 교회개혁을 외치며 반(反)교권주의를 내세웠으며 타협하지 않는 양심을 요구하는 도덕적 절대주의를 주장했다. 또한 이들은 인종평등과 마찬가지로 남녀평등을 향한 여권운동을 저버리지 않았으며 그 급진적 성격에도 불구하고 노예제를 폭력의 지배체제라고 규정하면서 비(非)폭력적인 도덕적 설득론을 내세웠다. 요컨대 이들은 기성의 정치 문화에는 부재했던 '해방의 정치 문화'를 만들어냈고 기어코 내전을 통한 노예제 폐지에 성공하면서 새로운 미래의 발판을 마련했다. 흔히 링컨 대통령을 "위대한 해방자"라로 부르지만 당대의 노예제폐지론자들이야말로 진정한 "위대한 해방자"였다.

우리 국가와 우리 시대에 대한 대다수 국민들의 실망과 혐오, 혹은 패배주의적 인식이 있다면 그것은 새로운 '정치적 상상력'을 키워내지는 못하는 리더십의 부재(不在)에 있다고 할 수 있다. 위대한 지도자는 따로 있는 것이 아니다. 악당들은 모여 있는데 위대한 영웅의 탄생만을 기다리는 무기력하고 안일한 태도는 소위 민주주의의 시대에 결코 그 주인들이 가져야 할 태도가 아니다. 구(舊)시대를 타파할 새로운 '정치적 상상력'을 키워낼 수 있다면 그 누구나 새로운 지도자이고 새로운 영웅이다. 혐오와 차별, 멸시가 두려운가? 그렇다면 새로운 시대를 이끌 자격이 없다. 우리 시대의 또 다른 "개리슨과 개리슨주의자들"을 꿈꿔 본다.

허 현ㅣ충남대

토크빌의 '민주주의 리더십'과 풀뿌리 민주주의

알렉시 드 토크빌
(Alexis de Tocqueville, 1805-1859)

　　토크빌은 1835년과 1840년에 걸쳐 『미국의 민주주의』라는 책을 출간해 미국과 영국에서 큰 반향을 불러일으켰다. 특히, 대의정부가 최적의 민주주의라는 견해를 가지고 있던 존 스튜어트 밀도 이 책을 통해 지방자치와 풀뿌리 민주주의로 민주주의가 보다 더 발전할 수 있다는 가능성을 가지게 됐다고 말할 정도로 토크빌은 민주주의에 대한 리더십을 가진 인물이라고 할 수 있다.

민주주의는 역사상 가장 인간의 본성에 적합한 제도다. 그래서 민주주의의 기본원칙으로서 '주권재민'을 들고 있다. 국민이 주인인 정부를 수립하기 위해서는 모든 국민이 정부 수립에 참여할 수 있는 자유로운 권리가 보장되어야 하고, 그 권리는 누구에게든지 평등하게 주어져야 한다는 뜻이다. 여기서 국가의 정부 수립만이 아니라, '근린 정부(neighborhood government)'를 수립할 때도 이러한 권리가 보장돼야 하고, 그 권리가 평등하게 주어져야 하는 것을 '주민주권'이라고 할 수 있다. 바로 이것이 풀뿌리 민주주의이고, 근린 자치다.

최근 한국 사회에서 주민자치회를 통해 주민자치를 실질화하자는 논의가 있다. 이는 주민주권을 제도화할 수 있는 모형을 제대로 정립하지 못해, 길을 잃어버린 한국의 근린 민주주의에 제도 설계 방향을 제시한 것이라고 볼 수 있다. 그러나 한국은 국가전래설에 기반한 단체자치 제도로 운영되다 보니, 주민주권에 입각한 주민자치 제도가 형성되어 있지 못하고, 이것을 가능케 하는 민주주의의 제도적 토양도 갖춰져 있지 않다. 한국의 민주주의 성숙을 위해서는 반드시 넘어야 할 산이기도 한데, '이 산을 넘을 수 있는 지혜를 어디서 구해야 하는가'라는 과제가 남아 있다.

한편, 토크빌은 평등사회에서 개인들이 개인주의에 빠져서, 민주 독재가 등장하는 것을 염려했다. 그런데 『미국의 민주주의』에 따르면, 토크빌은 평등의 저주를 극복하고 있는 모습을 봤다. 참여 확대를 통해 사람들이 지역 공동체에 참여하는 게 일상화되면서 개인주의의 늪을 빠져나오게 되고, 그 결과로 자유를 향유하고 있는 모습을 본 것이다. 토크빌은 미국인들이 참여로써 개인주의를 이겨냈다는 것에서 유럽 민주주의의 희망을 보게 됐다. 즉 평등이 빚어내는 여러 폐해를 맞서 싸울 수 있는 것은 정치적 자유 확대라는 확신을 가지게 된 것이다.

토크빌은 정치적 자유 확대를 가능하게 해 준 것이 뉴잉글랜드 지역의 생활근거지인 '타운(town)'이라고 말했다. 그는 여기서 주민들이 일상생활의 문제를 해결하기 위해 참여하고, 타운미팅을 통해 참여를 실천하고 있었던 것에 주목했다. 즉, 타운에서의 체험을 통해 자유민으로서 스스로 생각하고 다스리는 습성을 발전시키게 된다.

토크빌은 이러한 타운 제도를 통해 다수의 전제정치를 제어하게 되고, 주민들이 자유에 대한 취향을 고취하고, 자유를 누리는 기술을 알려준다고 했다. 즉, 타운 제도가 자유의 토대가 된다고 생각했고, 타운이 없으면 자유를 누리지 못한다고 봤다. 한국에는 이러한 타운 자치 제도가 없다.

21세기 한국에서 과연 민주주의가 제대로 성장하고 있는가에 대해 회의적인 시선을 지닌 사람들이 늘어나고 있다. 촛불정치를 통해 대통령을 탄핵하고, 문재인 정부가 들어섰지만, 여전히 소득 양극화는 더 심해지고 있다. 수도권에 대한 인구집중이 심화되고 있고, 세대 간 갈등이나 지역 간 갈등도 심각해지고 있다. 또 제왕적 대통령제나 제왕적 지방자치단체장의 문제점이 해결되지 않고 있으면서, 한국의 지방자치가 부활한 지 30년이 넘었다. 하지만, 여전히 지방 민주주의는 요원한 것이라는 인식이 있다. 2022년 대선 공약에서도 고유권설에 입각한 민주주의를 제도·설계할 내용은 보이지 않았다.

한국의 시민사회가 정권의 권력을 잡고 참여하는 패턴이 구조화되면서, 정부 권력을 견제할 수 있는 시민사회의 시민성이 침몰하는 측면도 보인다. 한국 사회의 민주주의를 하향적(top-down)으로 만들어가려는 노력으로는 민주주의의 발전이 한계에 직면할 것으로 본다. 시민사회의 자유와 평등을 기반으로 근린 지역 단위에서부터 민주주의를 체험하고 경험하면서 중앙집권성을 견제할 수 있는 풀뿌리 민주주의를 제도화하는 사명을 토크빌의 민주주의에 대한 성찰에서 찾아보아야 할 시기가 아닌가 한다.

김찬동 | 충남대

아합 선장과 카리스마 리더십

MOBY-DICK;

OR,

THE WHALE.

BY

HERMAN MELVILLE,

AUTHOR OF

"TYPEE," "OMOO," "REDBURN," "MARDI," "WHITE-JACKET."

NEW YORK:
HARPER & BROTHERS, PUBLISHERS.
LONDON: RICHARD BENTLEY.
1851.

허먼 멜빌, 『모비딕』(Moby-Dick, 1851)

흰고래를 소재로 한 소설 『모비딕』(Moby‒Dick)은 미국 19세기 낭만주의 소설을 대표하는 허먼 멜빌(Herman Melville)의 모든 작품 중 최고의 걸작이다. 『모비딕』에서 가장 중요한 인물인 아합(Ahab) 선장은 포경선 피쿼드호(Pequod)에 탑승한 거친 성격의 다양한 인종 선원들을 강력한 카리스마로 잘 통제한다. 그는 자신의 유일한 항해 목적이며 복수의 대상인 흰고래 모비딕의 추격에 모든 선원들을 일사불란하게 동참하게 함으로써 모두 죽음으로 내몰지만 고전적인 카리스마 리더의 전형적인 특징을 잘 보여주고 있다. 멜빌은 아합 선장을 신체적인 외모와 성격 묘사에서 그리스 및 셰익스피어 비극의 주인공들처럼 카리스마를 지닌 영웅다운 면모를 지닌 인물로 그리고 있다.

멜빌은 『모비딕』의 전체구조를 전형적인 비극을 모방하여 비극의 원인과 주인공의 비극적인 행위와 운명을 보여줌으로써 독자들에게 카타르시스를 불러일으키고 있다. 아합을 비극 주인공으로 만들기 위해 모비딕을 불가해한 모든 악의 상징으로 신격화하고 아합으로 하여금 그것에 대해 불가능한 도전을 감행하게 한다. 그는 아합의 성격에서 희랍비극 주인공의 특성인 '오만'(hubris)과 같은 '비극적 결함'(tragic flaw)을 설정한다. 일반적으로 희랍비극에서 오만은 지나친 자만의 죄이며 이것은 그의 운명 이전에 가지고 있는 필연적인 결함이다. 이러한 오만은 카리스마 리더에게는 필요충분조건처럼 불가분의 관계에 있으며 카리스마가 긍정적인 방향으로 발휘되고 좋은 결과를 낳는 데 기여할 수도 있지만 만약 나쁜 방향으로 작용된다면 최악의 결과를 초래할 수도 있는 것이다.

아합을 카리스마 리더로 보고 그의 선장으로서의 지도력을 카리스마 리더십과 관련지어 분석할 때 카리스마의 리더나 리더십의 긍정적 또는 부정적인 측면을 모두 살펴볼 수 있다. 아합이 자신의 개인적인 목적을 달성하기 위하여 무고한 선원들을 끌어들여 모두 죽게 만든 것은 카리스마 리더가 잘못된 판단과 목표설정을 하고 오만함으로 그 선택을 포기하지 않고 끝까지 추구함으로써 카리스마의 권력을 사유화한 것으로 볼 수 있다. 작가 멜빌은 아합 선장의 악에 대한 비범한 의식과 그의 의지의 선택에 의한 불가능한 도전을 비극의 주인공처럼 영웅화하고 신화처럼 미화시킴으로써 동정심과 비애감을 유발시켜 긍정적인 효과를 주기도 하지만 그의 카리스마가 가지고 있는 권위의 사유화는 카리스마 리더십의 어두운 측면을 보여주는 것이다.

　일반적으로 카리스마 리더십에는 긍정적인 측면과 부정적인 측면이 극명하게 공존하기 때문에 카리스마를 지닌 리더에게 중요한 것은 도덕과 윤리적인 측면에서 리더의 가치 추구의 지향점이다. 한편 카리스마 리더는 강력한 권력 또는 권한을 가지고 있는데 리더가 그 권력을 사적인 목적을 위해 아니면 집단이나 조직의 전체 구성원들을 위해 사용하는지 또는 그 목적과 수단이 도덕과 윤리적인 측면에서 정당성을 담보하고 있는지가 중요하다. 그래서 리더십에서 카리스마가 중요한 것이 아니라 그 리더십이 윤리적인 정당성을 가지고 있는지가 기본적으로 전제되어야 하는 것이다.

　최근 리더십 연구는 리더십의 다양한 유형 분류와 함께 그 리더십의 긍정적인 면과 동시에 부정적인 측면이 집중적으로 분석되고 있다. 따라서 카리스마 리더십도 긍정적인 측면에 대한 분석과 함께 부정적인 측면에 대한 연구가 활발하게 진행되고 있다. 보통 카리스마 리더십이 바람직한 방향으로 잘 발휘되면 한 조직이나 사회에서 발전적인 변혁을 빠르게 일으킬 수 있다는 장점이 분명히 있다. 우리나라뿐만 아니라 세계 역사의 변곡점에서 많은 카리스마의 리더들이 긍정적 또는 부정적인 리더십을 발휘하여 다양한 평가를 받고 있는 것이 사실이다. 결국 어떤 사회에서도 강력한 카리스마 리더십은 분명 필요하고 선망의 대상이지만 항상 오만이나 자아도취 같은 부정적인 측면을 경계해야 더 좋은 결과를 얻을 수 있는 것이다.

민경택 | 충남대

라이트 형제의 셀프 리더십

윌버 라이트(Wilbur Wright, 1867-1912), 오빌 라이트(Orville Wright, 1871-1948)

1900년 전후 라이트 형제(Wright Brothers)가 비행기를 연구할 당시, 새뮤얼 랭글리(S. P. Langley) 교수는 1887년 영국 왕립협회로부터 럼퍼트상(Rumford Medal)을 받았고, 미국 국방성으로부터 5만 달러를 지원받으며 비행기를 연구하고 있었다. 라이트 형제(형 윌버 라이트, 동생 오빌 라이트)는 고등학교 중퇴자이며 오빌 라이트는 초등학교 때 한 번 퇴학당하기도 했다.

1903년 10월 7일 첫 비행에 실패하고 12월 8일 다시 실패하면서 랭글리 박사의 17년의 노력은 막을 내렸지만 라이트 형제는 1903년 12월 17일 노스캐롤라이나주 키티호크에서 작고 멋진 비행기를 날려 성공한다.

필자는 라이트 형제의 성공을 셀프 리더십의 관점에서 살펴보려고 한다. 브라이언트와 루시아 카잔(A. Bryant, Lucia Kazan)은 "셀프 리더십은 목표를 향해 의도적으로 생각과 감정 및 행동에 영향을 미치는 실천"이라고 말한다. 셀프 리더십은 "외부 힘이나 자극에 의존하지 않고 자신을 성찰하면서 스스로 관리하며 이끌어 가는 능력"으로 정의할 수 있다.

우선 라이트 형제는 청교도 정신을 갖고 있었다. 그들은 탐구에 집중하기 위해 평생 결혼도 하지 않았으며 술과 담배도 가까이 하지 않았다. 비행실험에는 막대한 비용이 투입되었고, 굴욕적인 실패와 부상과 사망의 위험도 있었으며, 자칫 괴짜나 정신병자니 하는 놀림을 받을 수도 있었다. 그들은 주변의 무관심에도 굴하지 않는 인내심을 갖고 있으며 실패해도 포기하지 않는 청교도적 정신으로 무장되어 있다. 그들은 자전거 회사를 운영하면서 생기는 자금으로 손수 비행 훈련과 연구를 병행하였다.

라이트 형제는 지적 호기심이 많았고 주변에 지식과 정보를 구하기 위해 부단히 노력했다. 오빌 라이트는 기자와의 인터뷰에서 "우리는 지적 호기심을 많이 격려해주는 가정에서 자랐다"라고 말한다. 개신교 목사였던 아버지가 사준 장난감 헬리콥터를 가지고 놀던 라이트 형제는 비행기를 만드는 과정에서, 항공 엔지니어이었던 릴리엔탈(O. Lilienthal)과 전문가 샤누트(O. Chanute)에게 조언을 구했으며, 스미소니언 과학협회에 항공 관련 서적과 자료를 편지로 요청하였다. 라이트 형제는 비행기의 균형을 연구하기 위해 새가 나는 모습을 분석하며 해결책을 찾았다.

라이트 형제는 창의적으로 사고하였다. 비행 중인 비행기에 작용하는 힘은 크게 추력(thrust), 항력(drag), 중력(weight) 및 양력(lift)이다. 이 중에서 비행기를 뜨게 하는 양력이 중요했다. 그 당시 학계에서 인정받고 있던 양력값에 따라 진행된 글라이더 비행에 실패하자 형제는 양력 값에 의문을 제기한다. 결국 라이트 형제는 직접 자신들만의 데이터를 수집할 목적으로 풍동(wind tunnel)을 만들었다. 풍동은 인공적으로 빠르고 강한 공기 흐름을 일으키는 장치이다. 풍동은 항공기나 모형이 공기 중에서 움직일 때 나타나는 영향이나 공기저항을 연구하기 위해 사용된다.

라이트 형제는 현장에서 실천하는 의지와 모험심을 갖고 있었다. 풍동실험을 진행한 라이트 형제는 풍동역할을 하는 자연지형을 주변에서 찾았다. 그들은 비행에 필요한 바람 속도만큼 바람이 일정하게 불어오는 장소가 있다면 거기에서 날틀을 묶어 놓고 공중조작 훈련을 할 수 있을 것으로 생각하였고, 시속 18마일 수준의 바람이 일정하게 불어줄 장소로 노스케롤라이나 해변의 키티 호크 언덕을 찾았다. 이곳은 사람들의 눈에 잘 띄지 않고 비밀리에 신기술을 개발하기에도 좋은 곳이었다. 라이트 형제는 1년 동안 키티호크에서 1,000회 정도 비행실험을 진행하는 과정에서 수없이 다치고 추락하면서도 동력비행기 라이트플라이어 1호 개발에 성공하였다.

좋은 여건에서 진행한 랭글리 박사가 실패한 반면 열악한 환경에서 라이트 형제가 보여준 성공 사례는 우리에게 많은 것을 말해준다. 필자는 코엔의 주장을 인용하면서 마무리하고자 한다. 코엔(B. V. Koen)은 인간이 가장 공평하게 나누어 가진 능력은 이성이 아니라 공학적 방법을 사용하는 능력이라고 주장한다. 이성은 고대, 중세, 근대 등 시대별로 강조되거나 무시되거나 재등장했지만 공학적 방법의 사용은 인간의 탄생 이래 바뀌지 않았다는 것이다. 코엔은 "인간이 된다는 것은 엔지니어가 되는 것이다."(To be human is to be an engineer)라고 말한다.

정영기 | 호서대

리더의 조건, 성실한 사유와 인정의 용기

구스타프 라드브루흐
(Gustav Radbruch, 1878-1949)

구스타프 라드브루흐(1878-1949)는 독일의 법학자이며 정치가이다. 1933년 나치 정권이 들어서기 전에 대학에서 교수로, 그리고 법무장관과 국회의원으로 일하며 이론과 실천의 조화를 위해 고민했다. 법학계에서 라드브루흐는 친숙한 인물인데, 바로 '라드브루흐의 공식' 때문이다. '공식'이라는 말 때문에 수학 기호가 연상되지만, 다행히 수학 기호는 나오지 않으며, 내용은 아래와 같다.

첫째, 정의와 법적 안정성 사이에 절대적 우위는 없다. 둘째, 평소에는 법적 안정성이 상대적 우위를 갖는다. 셋째, 그러나 정의에 대한 참을 수 없는 위반이 발생한다면 정의가 상위에 있다.

'라드브루흐 공식'은 그가 1946년에 발표한 「법률적 불법과 초법률적 법(Gesetzliches Unrecht und ubergesetzliches Recht)」이라는 논문의 내용을 프랑크 잘리거가 '라드브루흐 공식과 법치국가'라는 글로 정리하면서 '공식'이라는 명칭이 붙게 되었다. '법은 반드시 준수되어야 하지만, 법이 정의에 중대하게 반하는 경우 그럴 수 없다'라고 요약할 수 있다. 우리의 경우 법률의 위헌 여부를 심사하는 헌법재판소가 있기 때문에 라드브루흐의 공식이 체계적으로 내재화되어 있다고 생각한다.

정의를 위한 라드브루흐의 노력

사실 라드브루흐의 공식 그 자체보다는 이에 이르렀던 라드브루흐의 고민과 실천에 더 주목하게 된다. 그가 법학자로 활동하던 시대인 1900년대 초반은 법실증주의가 마치 절대적인 이념이나 신앙처럼 대세를 이루고 있던 때이다. 법실증주의는 오직 법 자체에서만 근거를 찾고, 존재와 당위를 엄격히 구분한다. 아주 단순화하면 오류가 생기지만, 이해를 위해 부득이 단순화하자면, 법과 도덕은 완전히 분리되어야 하고, 법으로 한 번 정해지면 반드시 준수되어야 한다.

지금 생각해 보면 법학은 사회적 산물인데 어떻게 그런 이론적 고집이 가능했는지 의아할 수 있다. 그러나 당시는 법의 자기학문성이 부족한 상황이었고, 그러다 보니 법이 아전인수로 해석되지 않으려면 여타의 세력으로부터 독립하는 것이 중요했다.

즉 법실증주의는 법이 사회적 힘, 권력, 정치에 흔들리지 않게 작동되도록 하려는 중요한 노력이었다. 라드브루흐 역시 공정하고 차별 없는 법의 적용을 위해 그러한 입장을 신념처럼 가지고 있었다. 그러나 나치의 참상을 겪은 후. 그는 「법률적 불법과 초법률적 법」에서 '수십 년 동안 독일의 법률가들을 지배하였던 실증주의적 법사상'의 건설적 해체를 주장했다. 그는 법률가들이 법실증주의라는 한계에 갇혀 법률이 가지고 있어야 할 가장 핵심적인 가치인 '정의', 혹은 '옳은 것'을 추구하지 못했고, 결국 치명적인 문제를 발견했을 때조차 그 문제를 다룰 엄두를 내지 못해 나치 정권의 기상천외한 법률을 가능하게 했다고 비판했다.

그는 자신이 오랫동안 정의라고 생각했던 형식적인 평등이 아무 기준도 줄 수 없다는 것을 용감하게 인정했고, 죽을 때까지 '참을 수 없이 부당한 법'이 무엇인지 고민하였다.

지금 우리 사회는 아주 많은 사람들이 고등교육을 통해 다양해진 가치관과 세계관을 배우지만, 모순된 가치로 분열을 거듭하고 있다. 정의나 가치에 대한 인내 있는 사유보다, 눈에 보이는 것에 집중하고, 비난에 의식을 곤두세우며, 남을 찌르며 살아간다. 이런 사회에서 어떤 사람이 리더가 되어야 할까?

독단과 야만에 무서움 없이 돌진하던 라드브루흐처럼, 우리의 리더는 이 혼란하고 아픈 세상에 무엇이 정의인지 인내심 있게 성찰을 하고, 무게 있는 결정과 용기 있는 말을 해 주는 사람이었으면 좋겠다.

김희정 | 충남대

비판적 지식인의 역할과 계몽적 리더십

카를 만하임
(Karl Mannheim, 1893-1947)

　오랜 기간, 민주화 투쟁을 통해 한국 사회는 '실질적 민주화'를 구현하는 과정에 들어섰다. 하지만 '촛불 정권'하에서 빚어진 '진영논리'의 전일적 확산과 그에 따른 첨예한 당파적 대립은 사회 전반을 극단적인 대결 및 투쟁의 상태로 내몰고 있다. 진영논리란 구성원 자신이 지지하는 집단의 이념 혹은 이해관계의 '부합' 여부에 따라 '규범적 정당성'을 판별하는 논리이다.

그에 따라 합치하면 정의고, 그렇지 않으면 적폐요 청산의 대상이다. 이렇듯 자의적인 '힘의 논리'에 다름 아닌 진영논리는, 정당함과 부당함을 따지는 '도덕 판단의 보편적 척도'로서 그 역할을 결코 수행할 수 없다. 그런 만큼, 진영논리란 지배세력의 기득권을 유지·강화하기 위해 시민들을 도구적으로 이용하고자 획책된, '탈(脫)진실적 오인의 메커니즘'이자 '정치 공학적 술수'에 다름이 아니다.

한데 이 대목에서 주목할 점은, 사회 혁신을 추구하는 비판적 지식인들이 그간 보여준 '무책임적인' 행태이다. 곧 그들 중 일부는 진영논리를 확대·심화하는 데 주도적으로 나서는가 하면, 진영논리에 기초한 '정치의 팬덤화' 현상을 옹호하였다. 또 다른 이들은 강성 지지층의 신상 털기식의 무차별적 폭력을 의식하여 방관·외면하기 일쑤였으며, 다수의 비판적 지식인들 또한 침묵으로 일관하였다. 그 결과, 민주주의 토대가 파괴되는 지경에 이르렀다.

이처럼 진영논리에 의거해 '적과 동지'를 구분하여 상대 진영의 척결을 주창하는 '공멸의 정치'가 난무하는 현실, 특히 이러한 사태를 초래하는 데 비판적 지식인들의 역할이 적지 않았다는 점과 관련하여, 만하임(K. Mannheim)의 주저 『이데올로기와 유토피아』에서 개진된 '지식인론(論)'은 우리에게 시사해 주는 바가 적지 않다.

만하임이 활약하던 1920년대 독일 바이마르 공화국 시절은, 우리의 현실과 유사하게 양 극단의 이념을 비롯한 수다한 이데올로기들이 끊임없이 충돌 쟁패하던 '이념적 카오스'의 시기였다. 만하임은 이를 넘어서기 위한 방안으로, 지식인의 역할에 관한 새로운 논변을 제시하였다. 즉 상이한 이해관계를 지닌 적대적 집단들이, 각자의 의도의 관철을 위해 무차별적인 정치적·이념적 투쟁을 벌여나가는 사태를 벗어나기 위해서는 대립적 집단들과 그 구성원 모두가 수용할 수 있는 '보편적 진리'를 확보하는 것이 관건인 바, 이는 지식인의 역할을 새롭게 규정·실행하게 함으로써 가능하다는 것이다. 이에 따라 만하임은 '마르크스주의 지식인들'이 견지하고 있던 '계급적 당파성'을 신랄히 비판하면서, '성찰적 자기비판 능력'에 의거하여 자신이 속한 계급적 관점에서 벗어나 일체의 정치적 이데올로기를 비판하고, '역동적 종합'을 통해 최대한 보편적 진리에 가까운 지식, 즉 '종합 지식'을 개진하는 것을 지식인의 주된 책무로 규정하였다.

이러한 논변의 기저에는 『이데올로기와 유토피아』에서 제시된 새로운 지식인상(像), 곧 '비교적 자유로이 부동하는 지식인층'이라는 개념이 자리하고 있다. 특정 계급이나 진영에 갇히지 않고 자유로이 행동하는 존재야말로 지식인 계층이 갖추어야 할 필수적 자격 조건에 다름 아니라 여겼기 때문이다.

이러한 만하임의 지식인론은, 진영논리로부터 자유로운 가운데 '본질적 실체'를 통찰하고 이를 일반 시민들에게 제시하는 한편, 진영논리에 물든 시민들을 각성시켜 오인의 메커니즘에서 벗어나 '권력에 예속된 노예적 인간'이 아닌, 자주적 존재로서 살아가게끔 계몽시킬 책무를 수행해야 하는 이 땅의 비판적 지식인들에게도 고스란히 적용될 수 있다.

이로부터 비판적 지식인에게는 일반 시민들을 각성·계도시켜야 할 '계몽적 리더'로서의 자격이 주어진다. 그런 만큼, 그에 걸맞은 리더십을 지녀야만 하는 바, 진영논리의 철폐라는 본연의 책무를 다하지 못한 점에 대한 뼈저린 반성을 위한 전제로서 '자기 비판적·성찰적 리더십'이 요구된다. 이어 상실된 신뢰를 시민들로부터 다시금 회복하기 위한, 동시에 시민들 위에 군림하는 것이 아닌 상호 수평적 관계 속에서 지식인의 책무를 이행해 나가기 위한 것으로서 '상호 신뢰적·존중적 리더십'을 지녀야 한다. 그런 연후에, 진영논리에서 벗어나 실체적 진실을 인식할 수 있게끔 시민들을 각성·교화시키는 계몽의 역할을 수행하기 위한 자격 조건으로서 '계몽적 리더십'을 견지하고 있어'만' 한다.

선우현 | 청주교대

'근대적 지식인론'에 개진된 지식인의 '계급 초월적 · 역사적 보편성'

장 폴 사르트르
(Jean-Paul Sartre, 1905-1980)

전통적으로 견지되어 온 지식인의 역할에 대한 믿음과 기대는 오늘날 한국 사회에서도 상당한 불신과 회의의 대상으로 전락해 버렸다. 이는 적지 않은 지식인들이 규범적 정당성이 결여된 통치 권력을 앞장서 옹호하는 이념적 조력자로서 역할을 수행해 왔다는 사실과 관련되어 있다. 보편타당한 관점에서 특정 사태의 규범적 타당성 여부를 판별한 후, 정당한 입장을 대변하고 이를 탄압하는 세력에 맞서 비판적 저항을 시도해야 할, 지식인의 책무에 역행하는 것이기 때문이다.

이 때문이었을까? 만하임(K. Mannheim)에서 그람시(A. Gramsci), 사르트르(J.P. Sartre)를 거쳐 부르디외(P. Bouridieu)와 촘스키(N. Chomsky)에 이르는, '근대론'의 관점에서 지식인의 역할을 조망한 주요 사상가들의 '근대적 지식인론'에서 공통적으로 제기된 핵심 논지의 하나는, 지식인은 '당파주의'나 '진영논리'에서 벗어나야 한다는 점이다.

맑스주의 지식인들이 고수하고 있던 편협한 당파성을 비판하면서, 특정한 계급적 관점에서 벗어나 일체의 이데올로기를 비판하는 것을 지식인의 책무로 규정한 만하임은 새삼 말할 필요도 없다. 맑스주의 사상가인 그람시도, 사적 이익에 토대를 둔 '협애한' 당파적 진영논리에서 벗어날 것을 새로운 지식인상(像)을 통해 주문하고 있다. 그가 제시한 '유기적 지식인'은, 억압받는 노동자 계급 편에 서서 지배 계급의 착취에 맞서 저항적 투쟁을 수행할 역할을 부여받지만, 단지 피지배 계급이라는 이유로 '무조건' 노동자 계급을 옹호하는 '계급 특수적' 지식인은 아니다. 곧 소외된 노동자 계급의 역사 인식과 세계관은, 계급 특수적인 것이 아니며 노동자 계급의 해방을 통해서만 진정한 '인간 해방'을 가능케 할 '인류사회 발전의 보편적 동력원'이라는 점에서, 지식인의 시각은 '계급 초월적인 역사적 보편성'에 그 토대를 두어야 한다는 논지다.

사르트르 역시, 노동자 계급의 해방이라는 과제는 모든 계급에게 보편적 가치를 지닌 인류 역사적 목표라는 점을 내세워, '계급 보편적' 이념이자 가치인 '인간 해방'을 현실화하는 데 지식인이 선도적으로 나설 것을 주창하였다. 부르디외도 '지배 세력'의 이익을 대변하는 전문가 집단으로 전락해 버린 지식인의 실태를 비판하면서, 외부의 '모든' 영향에서 벗어나 '자유로운 독립적 위치'에서 현실에 개입하여 '보편적 이해관계'를 대변하는 지식 생산자가 될 것을 주문하였다. 현존하는 미국의 대표 좌파 지식인 촘스키 또한

'지식인의 책무는 (보편적) 진실을 말하는 것'이라는 진술을 통해, 불순한 정치적 의도를 지닌 통치 계급의 입장을 옹호함으로써 특정 정치적 사태의 본질을 은폐·왜곡하는 태도와 결연히 단절해야 한다는 점을 역설하고 있다.

이처럼 근대적 지식인론은 인간 해방 사회의 구현이라는 '근대의 기획'은 지금도 유효하며 이를 달성하는 데 지식인의 역할은 여전히 긴요하다고 평가한다. 특히 그 과정에서 다양한 계급적 입장들이 난립·충돌하는 상황이 빚어질 경우, 특정 계급이 아닌, '계급 초월적인 보편적 관점'에서 여러 해석들 중 가장 정당한 것을 판별해 내는 역할에 치중할 것을 당부한다. 이는 특정 사안의 이면에 놓인 '보편적 실체적 진실'을 간취하여 구성원들로 하여금 자각토록 인도하는 '계몽적 지식인'으로서의 소임에 주안점을 두고 제기된 것이다. 더불어 규범적으로 정당한 입장을 구성원들에게 알려줘야 한다는 점에서, 지식인은 응당 '계몽적 리더'이어야 하며 그에 상응하는 리더십 또한 갖추고 있어야 함을 말해준다.

이때 리더십은 '계몽적 리더십'인 바, 이는 구성원들 위에 군림하여 일방적으로 지휘 통제하는 리더십이 아닌, 설득과 대화를 통해 자율적으로 각성하고 보편적 진실을 간취토록 인도하는 리더십, 아울러 계급적 특수 이익이 아닌 사회 공동의 이익을 추구하는 데 기여하는 '계급 보편적인' 계몽적 리더십이다.

이 같은 근대적 지식인과 리더십에 관한 논변은, '적과 동지의 엄격한 구분'에 따라 '내 편은 다 옳고 네 편은 청산의 대상'이라는 진영논리가 판치고 있는 한국적 현실에서, 새로운 지식인상에 대한 '유의미한' 메시지를 제공해 줄 수 있을 것이다.

선우현 | 청주교대

가능성과 불가능성의 경계에 서기

자크 라캉(Jacques Lacan, 1902-1981)

　정치의 텔로스(telos)가 '더 나은 사회'에 있는 것이라면, 정치는 사회적 현실의 체제를 '구성, 지탱'하는 가능성에 그치지 않고 그 체제의 결핍으로 나타나는 자신의 '실패 내지 불가능성'을 부단히 해소해 가는 일에 주력해야 한다. 체코의 지난 지도자 하벨(V. Havel)이 정치를 두고 "우리 자신과 세계를 향상시키는 불가능성의 예술"이라고 말하며 좌우를 막론하고 정치의 리더십이 취해야할 윤리적 전망을 달리 가리킨 것도 사실은 그런 생각에서였을 것이다.

"정치는 가능성의 예술"이라는 말도 따지고 보면 "정치는 불가능성의 예술"이라는 말과 어울릴 때 더 깊은 의미를 가질 수 있게 된다. 만일 이 두 말의 의미가 섞이지 못할 경우, 우선 전자("정치는 가능성의 예술")는 정치가 자신의 불가능성을 은폐하며 선동의 예술로 전락하는 사태를 피하기 어렵다. 이를테면 그 '가능성'이 사실은 "투기, 계산, 모의, 뒷거래, 조작"과 같은 기만의 기재와 내통하며 억압의 구조를 숨길 수 있기 때문이다. 그리고 후자("정치는 불가능성의 예술")는 정치가 자신의 새 가능성을 모색할 출구를 상실하는 절명의 사태와 직면하게 된다. 정치가 <사회적 현실을 지탱하는 체제와 권력의 실패를 추궁하며 새 체제를 요구하는 저항의 자리에서 헤게모니를 두고 다투는 인간의 활동>이라는 견해의 타당성을 고려하면, 정치의 발전적 계기는 '정치의 가능성, 즉 체제의 이상'에 가려진 환상을 폭로할 '정치의 불가능성, 즉 체제의 실패'에 다름 아니기 때문이다.

그러니까 정치는 가능성의 예술이되 사회적 결핍을 창의적 타협 내지 조화의 이름으로 온전히 '통제, 제거할 수 있다'는 의미에서가 아니라, 사회적 결핍으로 나타나는 자신의 '불가능성 혹은 실패'를 정치의 장으로 끌어와 우리의 정치를 '탈구, 재구성할 수 있다'는 의미에서 가능성의 예술이어야 할 것이다. 마치 표현 불가능한 것을 불가능한 것으로 표현하는 시(詩)와 같이 정치현실의 실패(불가능성)를 실패(불가능성)로 드러내 사회적 현실의 체제의 균열을 누설하며 새로운 세상을 꿈꾸는 정치, 즉 "불가능성의 예술"로서의 정치를 누구보다 먼저 선명히 가리킨 이는 라캉(J. Lacan)이었다. 실제로 그는 『세미나20』(Seminar XX)에서 "대타자"("상징계")에 상응하는 '현실'("담론")의 실패구조에 대해 이렇게 말한 바 있다. "담론에 앞선 현실은 없다. 우리의 모든 현실은 담론으로 성립하며, 이 담론 안에는 실패가 구멍처럼 존재한다."

정치현실 역시 "담론의 회로"에 갇혀있기는 마찬가지라는 점에서, 라캉의 이 진술에 함축된 의미는 정치의 장에서도 그대로 유효하다. 정치현실을 직시하되, 그것을 존립케 하는 이상의 환상이 아닌 그것의 실패를 보는 정치의 리더십이 기꺼운 것은 그것이 한때 진보의 유력한 기재였던 '시적 리얼리즘'의 예술성을 달리 계승할 저항의 정치성을 갖고 있기 때문이다. 달리 취할 이 '시적 리얼리즘'의 예술성은 객관적으로 구성된 정치현실의 가능성(이상)이 아니라 그 가능성을 통해 그 가능성의 환상을 걷고 그 가능성의 불가능성(실패)을 표현할 때 비로소 실현될 수 있다. 정치의 불가능성은 객관적인 정치현실로서가 아니라, 늘 그것의 실패로서 존재하기 때문이다. 이러한 사실은 정치의 리더십이 감당해야 할 부단한 이중의 수고, 부연하자면 불가능성(실패)을 정치로 불러들여 가능성(정치의 새 구성)을 실현하고, 새로이 구성된 정치에서 재차 사회적 결핍으로 드러날 정치의 실패(불가능성)를 읽어내며 다시 탈주를 준비하는 수고의 반복을 가리킨다.

　　정치주체는 숱한 사회적 결핍들에 공감하며, 현실정치의 "구멍 혹은 실패"로 나타날 불가능성의 의의를 증폭, 억압의 현실을 허물어 새 정치현실의 구성물이 만들어질 수 있도록 상호주관적 연대의 공감을 '시적 표현'의 수준에서 벼려야 한다. 지금 우리의 정치에 필요한 것이 보다 진정한 정치의 리더십이라면, 그것은 정치의 환상을 가로지르며 정치의 불가능성을 부단히 가능케 할 시적 주체, 달리 말하자면 정치의 가능성과 불가능성의 경계에 선 자의 리더십일 것이다.

송석랑 | 목원대

과학자 오펜하이머의 리더십

로버트 오펜하이머
(J. Robert Oppenheimer, 1904-1967)

미국의 핵무기 개발 계획인 맨해튼 프로젝트는 당시 약 20억 달러(1945년 기준)가 투입되고 13만 명의 사람들이 참여한 역사적인 사업이었다. 맨해튼 프로젝트의 총책임자는 레슬리 그로브스(Leslie Groves) 장군이며, 핵무기 개발과 제조를 담당한 로스앨러모스(Los Alamos) 연구소의 이론 및 기술 분야 책임자는 미국의 물리학자 로버트 오펜하이머(R. Oppenheimer, 1904－1967)

였다.

1943년 4월에 설립된 로스앨러모스 연구소는 핵무기 제조에 성공해서 미국이 2차 세계대전에서 승리하는 데 결정적으로 기여했다. 같이 참여한 많은 사람들은 로스앨러모스 성공의 대부분은 오펜하이머의 리더십 덕분이라고 말한다. 오펜하이머는 원자폭탄 연구에 반대하는 과학자들을 설득해 팀원으로 합류시키는 리더십을 발휘했으며, 불확실 투성이었던 계획을 실행 가능한 계획으로 바꾼 추진력을 보여주었다. 영국 물리학자 제임스 턱(James Tuck)은 "하나님의 은혜로 미국 정부는 올바른 사람을 얻었다"라고 말한다.

오펜하이머의 리더십은 네 가지로 정리할 수 있다. 첫째, 오펜하이머는 로스앨러모스 연구소의 고위 리더십 직책을 포함해 프로젝트에 참여할 수 있는 최고의 과학자를 모집하는 데 전념했다. 이러한 노력은 프로젝트의 전반적인 성공에 필수적이었다. 대표적으로 오펜하이머는 로버트 바커(Robert Bacher)를 실험물리학 부분 책임자로, 한스 베테(Hans Bethe)를 이론물리학 부분 책임자로 영입했으며, 두 사람은 맨해튼 프로젝트의 성공에 크게 기여했다.

둘째, 오펜하이머는 로스앨러모스 연구소의 목표를 설정하고 의미를 만들기 위해 노력했다. 그는 로스앨러모스가 무엇을 할 것인지에 대한 설명뿐만 아니라 장소로서의 로스앨러모스의 생생한 이미지를 다른 사람들에게 전달하였다. 즉, 오펜하이머는 전쟁의 공식적인 임무를 넘어 로스앨러모스의 이미지를 명료화하고 그 의미를 만들었다. 오펜하이머에 따르면 로스앨러모스는 단순히 폭탄을 만드는 것이 아니라, "인류에 대한 헤아릴 수 없는 이익"을 창출하는 장소다. 그에게 원자폭탄은 로스앨러모스의 일부에 불과했다. 폭탄 뒤에 숨은 과학체계, 믿을 수 없을 정도로 복잡한 문제를 해결할 기회, 위대한 과학적 과제를 수행할 기회는 모두 오펜하이머가 로스앨러모스에 부여한 이미지의 일부였다.

셋째, 오펜하이머는 뛰어난 기술 및 분석 능력을 가지고 있었다. 오펜하이머의 과학적, 분석적 기술의 영향력과 중요성은 그와 함께 일했던 사람들의 가장 일반적인 기억 중 하나이다. 오펜하이머의 두드러진 능력 중 하나는 그의 과학적, 기술적 전문성이었다. 한스 베테는 오펜하이머가 "화학, 이론 물리학, 기계 공장 등 실험실에서 일어나는 모든 일을 알고 이해했다. 로스앨러모스에서도 그가 지적으로 우리보다 우월하다는 것이 분명했다"라고 말한다. 다른 과학자들도 오펜하이머에 대해 비슷한 관찰을 했다.

넷째, 오펜하이머는 구성원들의 열성적인 참여와 협력에 기반하는 조직을 만들었다. 맨해튼 프로젝트에서 비밀유지와 보안은 매우 중요한 사항이지만 오펜하이머는 과학자들 사이의 자유토론을 보장하였다. 오펜하이머는 비밀유지와 자유토론 문제로 그로브스 장군과 이견을 보이고 싸우기도 했다. 1943년 4월 프로젝트 전체를 개괄하는 강의가 열렸다. 로스앨러모스에 온 대부분의 과학자들이 참여한 이 강의는 당시의 이론적, 실험적 진행 상황을 요약하고 핵무기 제조 프로그램을 명확하게 설명했다. 이 강의에 참석한 사람들은 매우 활발하게 토론했다. 오펜하이머의 동료 물리학자인 존 맨리(John Manley)의 회상에 따르면 "예상할 수 있는 모든 문제에 대한 긴 토론"이었다고 회고했다.

최근 소식 한 가지, 크리스토퍼 놀란 감독은 배우 킬리언 머피, 맷데이먼 등과 함께 영화 <오펜하이머>를 제작하고 있는데, 2023년 7월 개봉 예정이다.

정영기 | 호서대

지휘자처럼 능력을 연결하고 상인처럼 희망을 팔아라!
- 피터 드러커가 본 21세기 리더의 조건

피터 드러커
(Peter Ferdinand Drucker, 1909-2005)

흔히 리더십은 목표를 달성하기 위해 누군가에게 영향을 미치는 과정으로 묘사되곤 한다. 즉 리더십은 사실상 결과적인 개념이며, 일반적으로 업무상의 가시적인 성과나 생산성 향상 여부를 통해 리더십의 성패가 결정된다. 그렇지만 리더십을 논할 때는 결과에 대한 평가뿐만 아니라, '사회적 책임 의식에 기반한 가치판단과 실천 능력'이라는 당위적 성격 역시 경시하지 말아야 한다. 히틀러나 스탈린 같은 독재자가 집권 초기에 경제와 산업의 영역에서 일정 부분 성과를 거둔 것은 사실이지만, 궁극적으로는 진정한 리더로 평가받을 수 없는 이유이다.

필자가 보기에 특정 조직이나 사회를 이끄는 리더에게 무엇보다 필요한 것은 (리더의 스킬이나 테크닉을 의미하는) 좁은 의미의 리더십이 아니라, 지도자로서의 올바른 마음가짐과 헌신적인 자세이다. 특히 리더라면 전체 공동체의 긍정적인 변화와 발전을 견인할 수 있는 태도와 실행력을 갖추어야 한다. 이러한 의미에서 '리더에게 요구되는 정신'(leaderspirit)이란 구성원들이 지금 여기서 가장 필요로 하는 바, 즉 조직과 사회가 추구해야 할 시대정신을 정확히 파악하고 이를 새로운 공유비전으로 형상화한 후 다시 구성원과 더불어 성취할 수 있는 실천적 자세와 역량으로 규정할 수 있다. 나폴레옹이 "리더는 희망을 파는 상인"이라고 말한 까닭이기도 하다.

그런데 21세기의 리더가 세상에서 꿈과 희망을 파는 모습은 역사 속의 위대하거나 유명했던 리더들의 방식과는 현저히 다를 수밖에 없다. 왜 그런가? 현대는 지식과 정보가 가장 중요한 가치로 평가되는 최초의 사회인 동시에 민주주의가 제도와 의식 속에서 보편화된 시대이기 때문이다. 이 사실은 한편으로 소수의 지배층만이 아니라 일반인들도 각자 유의미한 지식을 수단으로 살고 있으며, 따라서 누구나 자신의 분야에서 전문가로 평가받는 세상이 도래했음을 함축한다. 다른 한편, 민주사회의 리더는 한 사람의 시민으로서 지배(참여와 봉사)와 피지배(양보와 타협)의 의미를 이해하고 실천할 줄 알아야 한다. 누군가 오늘은 리더의 역할을 행하더라도 내일은 팔로워의 위치에 설 수 있으며, 그 역도 마찬가지이기 때문이다. 결국 리더라면 이끄는 동시에 섬기는 자세를 내면에 확립해야 하는 것이다.

현대 경영학의 '구루'(guru)로 평가되는 피터 드러커(1909 - 2005)는 이미 20세기 중반에 미래사회의 변화를 선구적으로 예측하였으며, 더불어 리더의 역할 역시 확연히 달라져야 함을 역설한 인물이다. 그는 21세기의 사회상을 단적으로 성공적인 오케스트라의 활동에 비유하였다. 개별 단원들은 최고의 능력을 갖춘 분야별 전문가(지식노동자)이고, 악보는 한 사회가 지향하는 공유비전이며, 지휘자는 구성원의 능력을 조화시킬 뿐만 아니라 상상력을 바탕으로 가시적인 목표 이상의 무언가를 산출하는 리더라는 것이다.

특히 21세기의 리더는 급격한 환경변화에 능동적으로 대응하며, '융합적 지식노동자'로 활동할 수 있는 지성과 실천력을 충분히 갖추어야 한다. 주지하듯이 지식노동자란 드러커가 처음 고안한 개념으로서, 지식과 정보라는 새로운 차원의 경제적 자원을 통해 노동하고 부가가치를 창출하는 근로 계층을 지칭한다. 21세기가 시작되고 벌써 20년 이상 지난 시점에서 볼 때, 사회의 유지와 변화를 선도하는 계층은 지식노동자임이 분명해 보인다. 따라서 이제 세상의 모든 리더는 자신의 지적 역량을 현실적인 자산으로 확대하고 활용하는 능력을 갖추어야 한다. 또한 그는 마찬가지로 지식노동자인 구성원들의 개별 능력을 서로 연결하고 숨은 잠재력까지 끄집어내어 조직의 생산성을 극대화하는 역량도 계발해야 한다. 스스로 노력함으로써 끝없이 발전할 수 있는 자질을 갖춘 인물만이 자긍심과 세상을 보는 안목을 토대로 조직의 매니저 역할을 충실히 수행할 수 있으며, 나아가 창의성을 바탕으로 공동체 전체를 위한 그림을 그려낼 수 있기 때문이다.

서영식 | 충남대

무한한 대화로 새로운 길 찾기,
교육으로 인간을 치유하다 - 파울로 프레이리와 교육자의 리더십

파울로 프레이리(Paulo Freire, 1921-1997)

불평등과 빈곤, 부자유가 파울로 프레이리가 주목한 20세기 브라질 사회의 현실이었다. 가난하고 부자유한 하층민들은 그러한 질곡에서 벗어나는 것이 근본적으로 쉽지 않았다. 다양한 방식의 차별과 억압에도 불구하고 이들이 불행한 현실에서 벗어나지 못하는 가장 큰 원인은 그들 스스로가 자신의 처지에 대해 바로 이해하고 있지 못하고 있고, 인지한다고 하여도 구조적 억압으로부터 벗어날 능력을 갖고 있지 못했다는 점이었다.

파울로 프레이리(Paulo Frere)는 이와 같은 현실을 건강하지 못한 상황이라고 보고, 교육은 당시의 브라질 사회와 억압과 구조적 모순에 의해 불행한 삶을 살아가는 개인들의 삶을 회복시켜 줄 수 있는 필수불가결한 수단이라고 생각하였다. 이와 같은 의미에서 교육자는 사회에서 소외된 이들에게 빛이 되고 희망을 주는 리더여야만 한다. 리더로서의 교사는 '돌봄'의 마음으로 배려하며, '소통'의 기술과 '실천' 능력이 있어야 한다.

프레이리가 교육의 '돌봄' 기능에 주목하게 된 배후에는 그의 가정환경이 중요한 역할을 하였다. 그는 1921년 브라질 북동부 페르남부쿠주의 헤시피에서 한 중산층 가정에서 태어났다. 마침 불어닥친 미국 경제공황의 직접적인 영향권 아래 놓여있던 브라질의 경제 사정과 13세가 되던 해에 아버지를 잃게 됨에 따라 그는 어린 시절부터 빈곤과 굶주림에 익숙한 생활을 하게 된다. 그 자신도 빈곤으로 4년간 유급을 경험하면서, 빈곤층에게 배움의 기회가 매우 부족한 현실을 발견한다. 심지어 배움의 기회가 없이 성장한 대부분의 빈곤층 시민들은 자신의 존재 의미와 자존감조차 보유하지 못하고 살아간다는 점을 알게 되었다. 교육자는 소외된 이들에게 다가가 이들과 공감하며, 궁극적으로 그들이 사회에서 건강하고 당당한 주체로 성장할 수 있도록 돕고 배려하는 일을 수행하는 자이다.

'대화(dialogue)'를 통한 교육은 프레이리의 수평적 리더십의 특징을 보여준다. 대화를 활용한 교육방법은 "문제제기식 교육"을 지향한다. 누군가에 의해 피동적으로 주입되는 교육이 아닌 스스로 깨닫고 문제를 찾아가는 교육이다. 이때 교육은 정보의 수직적 전달이 아닌 피교육자가 "아는 게 전혀 없다고 생각하는 부분에 대해 사실은 알고 있는 것이 있다는 점을 스스로 깨닫게 하는 소통"을 목표로 삼는다. 이로써 누군가를 억압하거나 억압을 당하는 것이 아닌 구성원 각자가 삶의 주인이자 "주체"로 살아가도록 돕는 일이다. 누가 누구를 억압하거나 굴종하는 관계가 아닌 모두가 자유롭고 행복함으로 공존하는 사회, 다양한 개별적 가치를 표출할 권한과 욕망을 상호 존중하는 "인간화(Humanization)"된 사회를 지향한다.

교육은 또한 일종의 "실천 행위(Praxis)"라고 보았다. 사람과 사회를 변화시키는 힘이다. 단순히 지식이나 이론에 그치는 것이 아니라 인간의 의식 안에 내재해 있는 역사성을 자각하고 이에 따라 행위 함으로써 세상 속에 책임 있는 구성원으로서 영향을 주는 태도를 말한다. 프레이리 자신도 평생을 세상을 바꾸는 실천적 활동으로 헌신하였다. 25세이던 1946년 페르남부쿠주의 사회봉사기구인 "사회산업사업부(SESI)" 소속으로 처음으로 문맹퇴치 교육의 일선에 나섰다. 1959년 헤시피 대학교에서 박사학위를 취득한 후에는 교수로 봉직하면서도 "국가 문해교육 프로그램(National Literacy Program)"의 책임자로도 활동하였다. 1997년 5월 2일 사망할 때까지 교육이 인간다운 삶을 회복시켜 줄 것이며, 교육은 자신의 인간적 지위를 자각하지 못하고 빈곤과 부자유의 현실을 숙명처럼 생각하고 살아가는 이들에게 문화적, 정치적 각성의 기회를 주고 주체적 인간으로서 스스로의 삶을 책임지는 자가 되도록 돕는 일이다.

약육강식의 사회에서 교육은 사회적 약자들을 돕고 구성원 간의 소통을 강화함으로써 인도주의적 사회로 진화할 수 있도록 변화할 것을 주문한다. 그와 같은 변화는 교육자가 이끌어가야 한다. 진실된 리더는 곧 교육자이다. 그는 지배나 수직적 지도자가 아닌 무제한적 대화를 통해 새로운 길을 함께 찾아가는 열린마음의 토론자이다. "대화는 현실을 끊임없이 변형시키기 위해 자신을 헌신해가는 과정이며," 오히려 인내와 배려, 보살핌과 수용 과정을 통해 낯설고 적대적이었던 타자와 함께 어우러져 건강한 사회를 만들어가는 묘법이다.

임채광 | 대전신학대

정치의 퇴락과 민주주의 리더십

자크 랑시에르(Jacques Rancière, 1940-)

크고 작은 권력을 둘러싼 정치적 담론과 실천들이 우리 사회의 일상 도처에서 폭발하고 있다. 이념이 쇠락한 자리를 실존의 욕망이 대신하며, 일상의 모든 것이 정치화되었기 때문이다. 억압된 것들의 표출이라는 측면에서 보면 이는 분명 해방의 사태일 것이다. 하지만 이 사태에는 우리 사회의 바람직한 공존의 전망을 어렵게 만드는 정치의 퇴락이 섞여 있다.

그 해방의 사태에 섞인 정치의 퇴락은 유토피아적 논리가 제공했던 신념을 상실한 정치비관주의 내지 무정부주의적 체념의 정서를 이른다. 실제로 그 사태의 이면을 들여다보면 그 체념의 정서를 반증하는 숱한 선동, 맹신의 공감, 혹은 적대진영에 대한 반감이 빚는 분열과 대립의 갈등 내지 불화로 소란하다. 진보의 전망을 달리 정립치 못한 채 실존의 욕망 수준에서 이념적 헤게모니를 '변주/반복'하는 이 퇴락의 현상은 '유토피아정치의 몰락'을 극복치 못한 정치의 위기, 정치적 상상력의 무능을 가리킨다. 그 무능의 위기를 벗고 정치의 퇴락을 차단하기 위해 필요한 것은 철 지난 유토피아정치로의 회귀가 아니다. 유토피아적 조화의 윤리는 정치에서 무정부주의적 체념의 정서를 제거할 수 있지만, 그 대가로 우리는 다시 과거의 '숨 막히는' 이념의 구속과 대립, 환상의 폭력을 겪어야 한다. 문제는 유토피아적 '조화의 윤리'가 실존의 배타적 욕망의 연대로 반복되는 위기의 국면을 기회로 역전시킬, 그래서 그 '억압된 것의 표출'이라는 해방의 기미를 온전히 전유할 방도다.

J. 랑시에르의 "미학과 정치학"(esthétique et politique)은 '말과는 달리 분열과 대립의 갈등을 용납하지 않는 유토피아적 조화의 윤리'가 아니라 '분열과 대립의 갈등을 가로지르며 그것을 "동의와 이의의 역학 확립"의 수준에서 포용하는 에토스의 원리'를 통해 더 나은 사회를 만들 유력한 대안의 정치를 말한다. 이 정치로써 그가 말하고자 한 것은 기존의 사회주의와 자유주의를 대신할 어떤 새로운 유토피아적 정치체제가 아니라 그것들이 지향했던, 그러나 그 실재성을 두고 서로 다투었던 정치과정, 즉 민주주의의 혁신이다. "실재의 민주주의는 비민주주의의 별칭"이라는 S. 지젝의 말과 통하는 이 혁신의 요체는 '정치를 가능하게 하는 조화의 원리'가 아니라 '조화를 가능하게 하는 정치의 원리'다. 명료한 척도 없이 조화를 추구하는 이 공존의 에토스가 하필 미학을 통해 이야기 되는 것은 그의 철학이 미학을 심장으로 취한 철학, 즉 현상학의 '근원적 감각'에 닿아있음을 뜻하지만, 그에게 중요한 것은 근원적인 감각의 '지향성'이 아니라 '힘'이다. 그의 "미학과 정치학"

이 '미학으로서의 현상학을 통한 정치학'이 아니라 '미학으로서의 현상학인 동시에 정치학'으로 읽히는 것은 이 때문이다. 요컨대, 모든 억압의 증후는 감각(보고, 듣고, 말하는 방식의 존재론적 원형)에 있고, 해방의 단서도 거기에 있다. 그 증후는 "감각의 분배"(partage du sensible)이며, 단서는 이 분배의 질서를 깨뜨릴 '감각의 힘'이다. 랑시에르는 "정치적 질서를 교란하는 정치적 주체화"의 작용, 즉 감각의 분배에 대한 갈등에서 비롯된 "근원적인 불화"(mésentente)의 과정을 통해 성립하는 "합의"(consensus)를 가리키는데, 이 합의는, 할당된 질서에 균열을 내는 감각의 힘을 통해 세상에 대해 새롭게 표현한 내용을 공적 영역의 문제로 끌어들여 논쟁을 유발, 확립된 정치의 제도를 재구성해나가는 실존론적 저항의 시간에서 생긴다는 점에서 '배타적 적대성과 폭력성을 숨긴 유토피아적 조화'와는 전혀 다른 내재적 조화로서, 이를테면 조화의 불가능성 때문에 가능한 실존론적 조화의 에토스가 된다.

정치의 퇴락에 순응할 때, 정치의 리더십도 퇴락한다. 우리가 지향할 정치, 민주주의 리더십은 실존의 욕망을 통제하는 자의 것도, 그 욕망의 배타성에 휘둘리는 자의 것도 아니다. 그것은 진보와 보수를 빙자한 '위선의 열정'을 넘고 무정부주의적 소란을 감내하되 감각의 분배 질서를 거부하는 정치주체들, 그 "몫 없는 자들"의 실존적 욕망(감각의 힘)을 포착하여 "합의"로 이끌어가는 수고의 반복을 통해 더 나은 사회를 실현해가려는 민주주의자에게 가능할 것이다.

송석랑 | 목원대

악동 휘어잡은 감독, 49번 우승을 이끌다
– 알렉스 퍼거슨 감독의 카리스마 리더십

알렉스 퍼거슨
(Alexander Chapman Ferguson, 1941-)

영국 프리미어 리그는 지구촌에서 5억 이상의 인구가 시청하는 세계적인 축구 리그이다. 성적 부진으로 두 달 만에 감독이 경질되는 냉혹한 리그에서 맨체스터 유나이티드 FC의 알렉스 퍼거슨(1941-) 감독은 28년간 감독직을 수행하며 우승컵 49개를 들어 올렸다. 퍼거슨 감독은 "역사상 가장 위대하고 가장 성공적인 축구 감독 중 한 명"으로 평가받는다.

선수 중에 재능은 뛰어나지만 말썽부리는 악동들이 많다. 감독은 이런 악동들을 휘어잡을 수 있어야 좋은 성적을 낼 수 있다. 퍼거슨의 카리스마 리더십은 이런 악동들을 휘어잡는 과정에서 잘 드러난다. 술을 같이 마시며 설득하기도 하고 다혈질로 퇴장당한 선수를 옹호하기도 했다. 유명한 악동인 웨인 루니와 콧대 높은 크리스티아누 호날두도 퍼거슨에게는 절대 복종하면서 최고의 플레이를 펼쳐 보였다.

퍼거슨은 자신의 생각과 맞지 않으면 냉정하게 선수를 내쫓거나 다른 팀에 팔아버렸다. 데이비드 베컴은 퍼거슨에게 혼나는 과정에서 대들었다가 퍼거슨이 찬 축구화에 이마가 찢어진 이후 레알 마드리드 팀으로 이적했다.

맨유 선수들이 공격수인 판니스텔로이 한 명에게 너무 의존하는 플레이를 펼치자, 퍼거슨은 그런 경기 방식은 바람직하지 않다고 결론 내리고 판니스텔로이를 레알 마드리드 팀에 팔아버렸다. 그의 유명한 말이 있다. "팀보다 위대한 선수는 없다."

방탄소년단의 성공 요인을 분석한 하버드 경영대학원(HBS)의 애니타 엘버스 교수는 2012년 퍼거슨에 대한 사례 연구를 진행했다. "퍼거슨의 이야기와 그가 만든 청사진은 모든 기업에 사용할 수 있는 것이다. 팀 빌딩, 기업문화 구축 및 미래 계획을 볼 때 그의 사례는 훌륭한 조직을 구축하는 데 필요한 모든 것을 제시하고 있다." 그의 카리스마 리더십의 특징은 무엇인가?

맨유의 레전드인 게리 네빌은 퍼거슨 리더십의 특징으로 정신적 강인함을 꼽았다. 리더십은 하나의 행동을 중심으로 에너지를 통합하고 동원하는 능력이다. 퍼거슨은 선수들에게 할 수 있다는 자신감을 심어주며 분발을 촉구했다.

퍼기타임(Fergie Time, Fergie는 퍼거슨 감독의 애칭이다)이 대표적인 사례이다. 그는 선수들이 마지막 15분 동안 집중력을 잃는 경향이 있다는 것을 깨닫고 선수들을 독려했는데 실제 성과가 좋았다. 퍼거슨 감독이 시계를 두드리면 상대팀은 정신적 압박감에 힘들어했다고 한다.

둘째, 의사소통 능력이다. 퍼거슨 감독은 "의사소통 능력이 경영 성공의 열쇠"라고 주장한다. 리더는 올바른 메시지가 효율적으로 전달될 수 있도록 언어적 의사소통과 비언어적 의사소통을 모두 사용할 수 있어야 한다. 선수들은 쉽게 산만해질 수 있지만 그는 항상 선수들이 목표에 집중할 수 있도록 독려했다. 퍼거슨은 성적이 부진할 경우 소리치고 고함을 지르는 경우가 있는데 그 모습은 헤어드라이어에 비유된다. 퍼거슨이 언성을 높일 때마다 당하는 선수의 머리카락이 드라이를 하는 것처럼 그의 입김에 날린다고 한다.

셋째, 기초에 대한 믿음이다. 퍼거슨은 장기적인 관점에서 유소년팀을 육성했다. "나는 기초를 쌓는 것을 믿으며, 축구 클럽을 믿는다. 팀이 가장 중요한 것이 아니라 기초가 먼저다. 지속적으로 유입되는 인재의 흐름이 있는 파이프라인이 나의 목표이다." 유럽 축구 구단의 70%가 적자로 고생하고 있을 때 맨유의 구단 재정은 탄탄하게 성장하고 있었다. 퍼거슨은 어린 유망주를 확보해 최고 수준의 선수로 성장시켜 이적시장에서 막대한 차익을 확보한 다음, 여분의 재정력을 선수와 구단시설에 재투자했다.

넷째, 퍼거슨은 직업윤리를 중시했다. "나는 항상 성공에 가장 중요한 것이 직업윤리라고 생각한다." 퍼거슨은 1986년 감독으로 임명된 날, 클럽에 변화를 주고 맨유를 유럽 최고 클럽으로 만드는 작업에 착수했다. 그는 클럽 내에 심각한 음주 문화가 존재하던 시기에 감독으로 부임했다. 첫 주에 그는 총회를 소집하고 즉각적인 변화를 요구했다. 적응하지 않고 클럽의 성공과 위대함에 기여하지 않는 선수는 환영하지 않을 것임을 분명히 밝혔다. 퍼거슨은 클럽 내에서 시간 엄수, 규율 및 존중을 빠르게 확립했다.

우리 사회에는 분쟁과 갈등이 곳곳에 많이 존재한다. 기후와 환경, 대체에너지 문제, 이념논쟁, 계층갈등, 교육문제, 외교분쟁, 빈부격차 같은 문제들을 해결하고 건설적인 방향으로 사회통합을 이뤄내야 한다.

이렇게 산적한 분쟁과 갈등을 합리적으로 해결하는 과정에는 바람직한 리더십 역량이 절실히 요구된다. 깨어있는 시민의식과 바람직한 리더를 갈

망하며 알렉스 퍼거슨의 카리스마 리더십에서 지혜로운 통찰을 얻었으면
하는 마음이 간절하다.

정영기 | 호서대

과학자와 마에스트로 리더십

누리호 3차 발사 모습(2023. 5. 25)[1]

　　오랫동안 한국 과학기술 교육의 중심으로 주목받아 온 모 대학의 총장은 수년 전 취임식에서, 학생들이 "전공 공부할 시간을 10% 줄이고, 그 시간에 인성과 리더십을 배울 것"을 주문한 바 있다. 우수한 예비 과학자들에게 내면을 응시할 수 있는 눈도 타인의 마음을 읽을 수 있는 시력도 모두 충분하

---

1) 출처: https://www.kari.re.kr/kor/kariimg/view.do?idx=1907&mno=sub10_01&img _gbn=PHO

지 않다는 진단일 것이다. 당시 신임 총장은 교수 시절부터 괴짜로 소문났을뿐더러 과학교육의 역할에 관해 심층적으로 고민해온 학자이기에 그의 목소리는 더욱 의미심장하게 들린다.

왜 과학자들에게 훌륭한 인성과 리더십이 필요한가? 오늘날 하루가 다르게 발전하고 있는 과학기술 분야에서는 대형·집단·융합연구의 중요성이 점점 더 강조되고 있다. 동료 과학자들과 협력하거나 선의의 경쟁을 통해 확보되는 지적 능력, 즉 집단지성의 힘을 통해서만 지구적 차원의 치열한 경쟁 속에서 조금이라도 우위를 차지하기 때문이다. 그 옛날 장영실이나 에디슨처럼 홀로 실험실에서 고독하게 연구에 몰두한 끝에 새로운 발명품을 선보이는 모습은 상상할 수 없는 시대인 것이다. 그리고 최고 수준의 집단지성이 발휘되기 위해서는 구성원들과 소통함으로써 다양한 의견을 조율하고 새롭게 융합할 뿐만 아니라, 조직이 추구해야 할 목표를 공유비전으로 제시할 수 있는 리더의 존재가 필수적이다.

마치 오케스트라의 마에스트로가 단원들과 더불어 최상급의 교향곡 연주를 선보이기 위해서는 단지 악보를 정확히 해석하거나 악기 소리에 집중하는 단계(가시적 목표)를 넘어서, 지휘 능력과 상상력을 발휘하여 단원들이 연주를 통해 얻고자 하는 비전(마음의 목표)을 제시함으로써, 합주로 표현된 리더십 항해의 나침반이자 북극성이 되어야 하는 것과 같은 이치다. 나아가 마에스트로는 단원들이 부속품이 아니라 주인공으로서 공연에 참여하고 있다는 특별한 감정(주인의식)을 느끼도록 평소에 소통과 칭찬 그리고 배려의 자세를 유지해야 하는데, 이 역시 항상 집단지성을 바탕으로 성과를 창출해야 하는 과학자들이 주목할 장면이다.

다른 한편 과학자의 리더십은 단지 연구 성과를 극대화하거나 융합 차원의 새로운 결과를 위해서만 필요한 것이 아니다. 과학기술 자체는 가치중립적일지라도 그것의 사회적 파급효과는 과거 종교나 관습 혹은 정치가 행사하던 영향력을 능가하고 있다. 오늘날에는 과학이 갖는 한계가 인간의 삶의 한계이며, 인류의 상상력은 테크놀로지 수준에 비례한다고 말해도 과언이 아니다. 따라서 과학자들은 새로운 연구 성과의 의미를 되새기는 가운데, 기술의 진보가 사회 발전과 연동될 수 있도록 세상의 분위기, 즉 여론을 형성하는 역량을 조금씩 키워가야 한다. 리더십은 결국 사회적 책임 의식에 기반한 가치판단과 실천 능력이기 때문이다. 만약 우리 과학계에 성숙한 리더십이 형성되어 있었다면, 지난 정부가 세계 최고의 원자력 기술을 갑자기 용도 폐기하려 했을 때 좀 더 과학적인 접근을 통해 합리적인 결론을 도출하도록 용기를 내고 여론을 주도했을 것이다.

국내 산업계가 처한 문제를 진단하고 주목할 만한 의견을 제시한 『축적의 시간』에 따르면, 우리는 더 이상 개도국 시절의 실행 역량(know−how)에 만족하지 말고 '개념설계' 역량(know−why) 확보에 집중해야 한다. 특히 시행착오를 반복해서라도 지식과 경험을 축적하고 이를 통해 창의적인 아이디어를 도출하려는 장기적인 노력(scale−up)이 요구된다. 또한 스케일업의 성공은 연구자 개인의 인내심을 넘어서, 이 과정을 응원하고 기다리는 사회적 분위기 형성과 밀접히 연관되어 있다. 그런데 '축적'은 과학자 그룹이 전문영역에서 성과를 내기 위해서만 필요한 것이 아니다. 과학자들이 결정적인 시기에 리더의 역량을 발휘하기 위해서는 젊은 시절부터 리더십을 축적하는 시간이 필요하고, 또한 이것을 제도적으로 뒷받침해 주어야 한다. 리더십은 적당한 학습과정을 통해 신속히 습득할 수 있는 객관적인 지식이 결코 아니며, 필요에 따라 발휘되는 임기응변식 처세술도 아니기 때문이다.

서영식 | 충남대

21세기 대한민국 공공리더십의 향방

　눈부신 경제발전과 민주주의의 제도적 성취에도 불구하고 오피니언 리더 그룹과 기득권층을 향한 비판의 시선이 어느 때보다 매서운 오늘날, 한국 사회에서 진실로 필요한 과제는 리더와 리더십의 수준을 꾸준히 높이는 노력일 것이다. 특히 요즘은 일 년 내내 위기 상황이 지속되고 있다는 느낌이 혼자만의 것은 아닌 듯하다. 앞으로는 국민 모두 좀 더 안전한 상황에서 편

안한 마음으로 자신의 일에 충실할 수 있는 사회 분위기가 형성되기를 기대하며, 향후 대한민국이 지향해야 할 공공리더십의 방향을 제시하고자 한다.

첫 번째, 리더는 '공공성'의 의미와 가치를 명확히 인식해야 한다. 즉 리더라면 우선 공공 가치에 대한 리더의 인식과 실천이 조직과 공동체에 대한 신뢰와 안정을 고양시킨다는 점을 이해할 수 있어야 한다. 나아가 우리는 지켜낼 가치가 있는 사회에 살고 있다는 믿음을 바탕으로, 그 지속가능성을 위해 자신의 역할을 찾는 노력을 이어가야 한다. 따라서 사회의 리더를 자임하는 사람은 공적 가치와 사적 이익 간의 조화와 중재 능력, 사회적 갈등과 합의 과정을 총괄하는 비판적 사고력, 다양한 상황에 적용할 수 있는 지혜로운 소통능력을 충분히 갖추도록 지적인 훈련과 실천에 꾸준히 임해야 할 것이다.

두 번째, 리더는 한 사람의 민주시민으로서 지배와 피지배의 의미를 이해하고 실천할 줄 알아야 한다. 약 2,500년 전 그리스에서 활동했던 플라톤에 따르면, 시민의 기본자격은 단적으로 자신의 내면에 지배와 피지배의 능력을 온전히 갖추는 것이다. 따라서 그는 『법률』에서 시민교육을 '훌륭한 품성상태'(德 aretē)를 바탕으로 스스로 올바르게 통치할 수 있으며, 또한 타인의 올바른 통치에 순응할 수 있는 자유롭고 합리적인 시민을 양성하려는 일련의 시도와 과정으로 묘사하였다. 플라톤의 제자이자 학문적 경쟁자였던 아리스토텔레스 역시, "지배를 받아보지 않은 사람은 좋은 지배자가 될 수 없다는 말은 옳은 말이다. (…) 훌륭한 시민은 자유민답게 지배할 줄도 알고 자유민답게 복종할 줄도 알아야 하는데, 이런 것들이 바로 시민의 탁월함"(『정치학』)이라고 주장하였다. 바람직한 '시민의식'(citizenship)의 형성은 시민 각자가 평등한 인격체로서 지배(참여와 봉사)와 피지배(양보와 타협)의 역할을 감당할 수 있는지에 달려 있다는 것이다. 마찬가지로 현대사회에서는 더 이상 리더와 팔로워를 범주적으로 구분하고 사회 구성원에게 한 방향의 역할만을 강요할 수 없다. 누군가 현재는 리더의 역할을 수행하더라도 곧이어 팔로워의 위치에 설 수 있으며 그 역도 마찬가지다. 결국 리더라면 '이끄는 동시에 섬기는 자세'를 내면에 확립해야 할 것이다.

세 번째, 21세기의 리더는 급속한 환경변화에 능동적으로 대응하며, '융합적 지식노동자'(hybrid knowledge worker)로 활동할 수 있는 지성과 실천력을 충분히 갖추어야 한다. 피터 드러커가 『단절의 시대』(1969)에서 처음 사용한 표현인 지식노동자는 전통적 차원의 생산요소인 자본을 통해서가 아니라, 지식과 정보라는 새로운 차원의 경제적 자원(생산수단)을 통해 노동하고 부가가치를 창출하는 근로계층을 일컫는다. 21세기에 접어든 지 20년이 훨씬 지난 현 시점에서 볼 때 사회의 유지와 변화를 실질적으로 선도하고 있는 계층은 사실상 지식노동자이다. 따라서 미래사회의 리더는 자신의 지적역량을 현실적인 자산으로 확대하고 활용할 수 있는 능력을 비롯해서 지식노동자의 자질을 충분히 갖추고 있어야 한다. 또한 그는 구성원들의 개별 능력을 서로 연결하고 숨은 잠재력까지 끄집어내어 조직의 생산성을 극대화할 수 있는 하이브리드 역량도 쉼 없이 계발해야 한다. 스스로 노력함으로써 지속적으로 발전할 수 있는 자질을 갖춘 리더만이 자긍심과 세상을 보는 안목을 토대로 조직의 매니저 역할을 충실히 수행할 수 있으며, 나아가 창의성을 바탕으로 공동체 전체를 위한 그림을 보여줄 수 있기 때문이다.

서영식 | 충남대

필자 소개

고명수 | 충남대학교 사학과 교수

고려대학교에서 쿠빌라이 정부의 교통·통상 진흥 정책에 관한 논문으로 박사학위를 취득했다. 몽골 시대 정치·사회, 민족관계, 외교관계를 연구하고 있다. 저서로는 『몽골—고려 관계 연구』(2019)가 있다.

kohms@cnu.ac.kr

김문준 | 건양대학교 휴머니티칼리지 인문융합부 교수

성균관대학교에서 한국철학 연구로 박사학위를 취득하였다. 한국동서철학회 회장을 역임하였으며, 현재 중봉조헌선생기념사업회 회장을 맡고 있다.

kmj@konyang.ac.kr

김시덕 | 문헌학자

임진왜란부터 현대에 이르는 동아시아 문화를 연구하고 있다. 일본에서 출간한 저서 『일본의 대외 전쟁』은 2011년 일본에서 제4회 일본고전문학학술상 수상작으로 선정되었으며 2017년도에는 대한민국학술원 우수학술도서로 선정되었다. 후속작 『전쟁의 문헌학』은 2017년도 세종도서 학술부문에 선정되었다. 2021년에는 제70회 서울특별시 문화상 학술부문을 수상했다.

hermod_k@naver.com

김응종 | 충남대학교 사학과 명예교수

1978년 서울대학교 서양사학과 졸업 후 1984년 프랑스 낭트 대학교에서 석사, 1987년 프랑스 프랑쉬콩테 대학교에서 박사학위를 받았다. 1988년 이래 충남대학교 인문대학 사학과 교수로 재직했으며, 현재는 충남대학교 사학과 명예교수이다. 충남대학교 평생교육원장, 인문대학장, 한국프랑스사학회 회장 등을 역임했다. 저서로는 『아날학파』 (민음사, 1991), 『오늘의 역사학』(공저, 한겨레신문사, 1998), 『아날학파의 역사세계』 (아르케, 2001), 『서양의 역사에는 초야권이 없다』(푸른역사, 2005), 『페르낭 브로델』 (살림, 2006), 『서양사개념어 사전』(살림, 2008), 『관용의 역사』(푸른역사, 2014), 『프랑스혁명사는 논쟁 중』(푸른역사, 2022) 등이 있고, 역서로는 『16세기의 무신앙 문제』 (문학과지성사, 1996), 『고대도시』(아카넷, 2000), 『랑그도크의 농민들』(공역, 한길사, 2009), 『유럽은 어떻게 관용사회가 되었나』(푸른역사, 2015), 『라로슈자클랭 후작부인의 회고록』(한국문화사, 2018) 등이 있다.

fides@cnu.ac.kr

김찬동 | 충남대학교 도시·자치융합학과 교수

서울대학교 경제학과를 졸업하고, 같은 대학 행정대학원에서 행정학 석사학위를 받았다. 일본 도쿄대학교 대학원 법학정치학연구과에서 정책 과정에서의 정관 관계와 행정책임에 대한 논문으로 박사학위를 받았다. 서울연구원(시정개발연구원)에서 10년간 연구위원으로서 서울시 행정과 정책을 연구했고, 현재 충남대에서 자치행정 인재들을 길러내고 있다. 저서로는 『한국의 지방자치』(공저, 2022) 『주민자치정책론』(2019), 『주민자치제도의 재설계』(2017), 『주민자치의 이해』(2015) 등이 있다.

cdkim15@cnu.ac.kr

김충현 | 충남대학교 리더스피릿연구소 교수

충남대학교에서 프랑스 종교전쟁에 대한 연구로 박사학위를 취득했으며, 현재 한밭대학교에서 교양강의를 하고 있다. 저술로는 『공공성과 리더스피릿』(공저, 2022), 『인문학 속 민주시민 교육』(공저, 2022), 『고전의 창으로 본 리더스피릿』(공저, 2021), 「17세기 후반 위그노 망명과 영국의 명예혁명」(2020), 「루이 16세의 〈관용칙령〉과 얀센주의 운동」(2019) 등이 있다.

sky1717@hanmail.net

김희정 | 충남대학교 자유전공학부 교수

고려대학교에서 법학을 전공하였고, 동 대학에서 석사와 박사학위를 취득하였다. 현재 충남대학교 자유전공학부 교수로 재직 중이다. 반테러리즘과 자유, 안전에 관한 주제로 박사학위를 받았으며, 연구 관심분야는 안전, 정당, 정보인권, 구금인권, 선거, 교육권 등이다. 국가인권위원회 자유권 위원으로 구금, 군인, 국제인권 분야의 일을 하고 있다. sidhj001@naver.com

남기택 | 강원대학교 자유전공학부 교수

충남대학교에서 한국 현대문학 연구로 박사학위를 취득했다. 현재 강원대학교 교수이자 강원문학연구회 회장, 계간『문학의 오늘』편집위원으로 활동 중이다. 저서로『제도 너머의 문학』(2020),『강원권 시문학과 정전의 재구성』(2021),『김수영에서 김수영으로』(공저, 2022) 등이 있다. litoem@kangwon.ac.kr

민경택 | 충남대학교 영어영문학과 교수

충남대학교에서 박사학위를 취득하였으며, 한국현대영어영문학회 회장을 역임하였다. 주요 저서로는『White Fang & Other Stories』(편저, 2020),『19세기 미국소설 다시읽기』(2019),『The Call Of The Wild & Other Stories』(편저, 2018),『미국소설과 서술기법』(공저, 2014),『영화로 읽는 영미소설1-사랑이야기』(공저, 2010),『모비딕 다시읽기』(공저, 2005),『미국소설 명장면 모음집』(공저, 2004),『비극적 세계에서 희망찾기-멜빌과 그린의 작품세계-』(2004),『알파 미국문학사』(공역, 2003) 등이 있다. 그 밖에 미국소설에 관한 다수의 논문을 발표하였다. mkt201@cnu.ac.kr

박규철 | 국민대학교 교양학부 교수

국민대학교 후마니타스 리더십 연구소 소장이며 한국동서철학회 부회장이다. 연세대학교에서 '플라톤『고르기아스』연구'로 박사학위를 받았으며, 주된 연구 분야는 플라톤 정치철학과 신플라톤주의 그리고 고대 회의주의와 인문학 리더십 등이다. 저서로는『고전의 창으로 본 리더스피릿』(공저, 2021)와『그리스 로마 철학의 물음들』(2017) 등이 있으며, 역서로는『포스트모던 시대의 철학과 신학』(공역, 2016)과『플라톤과 소크라테스적 대화』(공역, 2015) 그리고『신플라톤주의』(공역, 2011)가 있다.
ttakala@hanmail.net

박병기 | 한국교원대학교 윤리교육과 교수
윤리학과 도덕교육을 전공하여 서울대학교에서 '사회윤리의 책임주체 문제'로 교육학 박사학위를 받고, 불교원전전문학림 삼학원에서 불교철학과 윤리를 공부했다. 관심 분야는 시민교육과 도덕교육이고, 한국교원대 대학원장, 교육부 민주시민교육자문위원장을 역임했다.
bkpak15@knue.ac.kr

박지성 | 충남대학교 경영학부 교수
서울대학교에서 경영학으로 학·석·박사 학위를 취득하였다. 인사컨설팅회사에서 선임컨설턴트를, University of Southern California에서 방문연구원을 역임하였다. 인적자원관리와 관련된 다수의 논문과 저서를 출간했으며, 관련 연구를 진행하고 있다.
bkpak15@knue.ac.kr

박현모 | 여주대학교 사회복지상담학과 교수
1999년 서울대학교에서 '정조(正祖)의 정치사상'으로 박사학위를 받은 뒤, 2001년부터 14년간 한국학중앙연구원에서 정조와 세종, 정도전과 최명길 등 왕과 재상의 리더십을 연구했다. 2013년부터는 미국 조지메이슨대학교, 일본 '교토포럼' 등에서 외국인 대상으로 '한국형 리더십'을 강의하는 한편, 시민강좌 '실록학교'를 운영해 왔다. 현재 여주대학교 사회복지상담학과 교수 및 세종리더십연구소 소장으로 재직하며 '세종 리더십'을 강의하고 있다. 저서로 『태종평전』, 『정조평전』 등이 있고, 「경국대전의 정치학」, 「정약용의 군주론: 정조와의 관계를 중심으로」 등 80여 편의 연구논문을 발표했다.

hyunmopark@daum.net

변은진 | 전주대학교 한국고전학연구소 교수

고려대학교에서 한국 근현대사 연구로 박사학위를 취득 후 고려대 · 영남대 · 가천대 · 방송대 등에서 연구교수를 지냈다. 저서로 『허헌 평전, 항일운동의 선봉에 선 인권변호사』(2022), 『일제말 항일비밀결사운동 연구』(2018), 『독립과 통일 의지로 일관한 신뢰의 지도자, 여운형』(2018), 『자유와 평화를 꿈꾼 '한반도인', 이소가야 스에지』(2018), 『파시즘적 근대체험과 조선민중의 현실인식』(2013) 등이 있다.

bbdbej@naver.com

서영식 | 충남대학교 자유전공학부 교수

스위스 루체른대학교에서 서양고전철학 연구로 박사학위(Dr.phil.)를 취득했다. 현재 충남대학교 자유전공학부장, 리더스피릿연구소장, 출판문화원장을 맡고 있다. 저서로 『리더와 리더스피릿』(2023), 『70년 CNU의 리더스피릿』(공저, 2022), 『공공성과 리더스피릿』(공저, 2022), 『인문학 속 민주시민교육』(공저, 2022), 『고전의 창으로 본 리더스피릿』(공저, 2021), 『청춘의 철학』(2021), 『플라톤철학의 실천이성담론』(2017), 『전쟁과 문명』(공저, 2016), 『플라톤과 소크라테스적 대화─문학형식의 철학적 사용』(공저, 2015), 『인문학과 법의 정신』(공저, 2013), 『신플라톤주의』(공역, 2011), 『시간과 철학』(공저, 2009), "Selbsterkenntnis im Charmides"(2005) 등이 있다.

youngsik@cnu.ac.kr

선우현 | 청주교육대학교 윤리교육과 교수

서울대학교 철학과에서 철학 박사학위를 받았다. 주요 저서로는 『사회비판과 정치적 실천』, 『우리 시대의 북한철학』, 『위기시대의 사회철학』, 『한국사회의 현실과 사회철학』,

『자생적 철학체계로서 인간중심철학』, 『홉스의 리바이어던』, 『평등』, 『도덕 판단의 보편적 잣대는 존재하는가』, 『한반도의 분단, 평화, 통일 그리고 민족』(기획·편집), 『왜 지금 다시 마르크스인가』(기획·편집) 등이 있다.

hyunsunw@cje.ac.kr

송석랑 | 목원대학교 창의교양학부 교수

한국외국어대학교에서 철학을 전공(학사, 석사) 하였고, 충남대학교 대학원에서 실존현상학연구로 철학 박사학위를 받았다. 저·역서로 『인문예술, 세계를 담다』(공저, 2022), 『프랑스철학의 위대한 시절』(공저, 2014), 『현상학, 시적감각의 지성』(2012), 『언어와 합리성의 새 차원: 하이데거와 메를로퐁티』(2004), 『정신과학 입문: W. 딜타이』(역서, 2014) 등이 있다.

phzeit@mokwon.ac.kr

안성호 | 대전대학교 행정학과 명예교수

대전대학교 교수와 부총장, 한국지방자치학회장, 한국행정연구원장 등을 역임했다. 현재 대전대학교 명예교수와 한국경찰연구원 이사장 및 개헌국민연대 공동대표를 맡고 있다. 최근 『왜 서번트 리더십인가』(공저, 2021), 『왜 분권국가인가』(2018) 등을 저술했다.

seongho.ahn214@gmail.com

양정호 | 장로회신학대학교 교수

중세 여성 영성을 전공했으며, 미국 클레어몬트 대학원에서 종교학 박사학위를 받았다. 서울교회 협동목사로 있으며, 저서로는 『예수님과 함께하는 일만시간의 비밀』(한국NCD미디어, 2022), 『하나님을 향한 영혼의 여정』(공저, 한국장로교출판사, 2018), 역서로는 『기독교 인물 사상 사전』(홍성사, 2007)이 있다.

caritasnine@gmail.com

양준석 | 국민대학교 교양대학 교수

연세대학교에서 한국정치외교사로 박사학위를 취득했다. 현재 한국정치외교사학회 연구이사, 한국정치학회 이사, 한국국제정치학회 대외협력간사로 활동 중이다. 대표 저술로는 『해방공간과 기독교』(공저, 2017), 『대한민국 국무회의록 1958』(공편, 2018), "The Clash over Democracy between the United States and the Soviet Union in the Korean Liberation Period, 1946-1947"(2020) 등이 있다.

chirira@hanmail.net

이정우 | 배재대학교 주시경교양대학 교수

충남대학교에서 조선시대사를 전공하여 박사학위를 취득하였으며, 현재 연구 관심분야는 인물의 삶, 사회와 정치, 리더십 등이다. 저서로는 『천년을 거슬러 만나 본, 세종시 역사인물 12인 이야기』(2023), 『70년 CNU의 리더스피릿』(공저, 2022), 『20세기 대전의 리더스피릿』(공저, 2022), 『고전의 창으로 본 리더스피릿』(공저, 2021), 『조선시대 호서사족 연구』(2002), 『한국근세 향촌사회사 연구』(2002) 등이 있다.

ljw729@hanmail.net

이종성 | 충남대학교 철학과 교수

현재 충남대학교 인문학연구원장을 맡고 있다. 장자연구로 충남대학교에서 철학 박사학위를 받았고, 저서로 『믿음이란 무엇인가』(2014), 『율곡과 노자』(2016), 『맨얼굴의 장자』(2017), 『역사 속의 한국철학』(2017), 『동양필로시네마』(2019), 『위진현학』(2001, 공저), 『21세기의 동양철학』(2005, 공저) 등이 있다.

chaos@cnu.ac.kr

이한우 | 논어등반학교장

고려대학교 영어영문과를 졸업하고 한국외국어대학교 철학과 박사과정을 수료했다. 1992년부터 신문기자로 일했고 2003년 조선일보 논설위원, 2014년 조선일보 문화부장을 거쳐 2016년부터 논어등반학교를 세워 논어, 주역 등을 강의하고 있다. 저서로는 『논어로 논어를 풀다』, 『이한우의 태종 이방원』이 있고 반고의 『한서』 등을 번역했다.

oxen7351@naver.com

임채광 │ 대전신학대학교 교수

독일 카셀대학교에서 기술 사회의 문화 개념 관련 연구로 철학 박사학위를 취득했고, 현재 한국철학적인간학회 연구이사로 활동 중이다. 주요 저서로는 『마르쿠제의 '일차원적 인간' 읽기』(2015), 『사랑』(2020, 공저), 『에리히 프롬의 '자유로부터의 도피' 읽기』(2022), 『인문학 속 민주시민교육』(2022, 공저) 등이 있다. 주요 연구분야는 철학적 인간학, 문화이론, 기술철학 등이다.

limchaikuang@hanmail.net

장영란 │ 한국외국어대학교 교양대학 교수

한국외국어대학에서 서양고전철학으로 박사학위를 취득했다. 현재 한국외국어대학 미네르바교양대학 교수이며, 한국여성철학회와 한국동서철학회 회장을 맡고 있다. 저서로는 『호메로스의 일리아스, 신들의 전쟁과 인간들의 운명을 노래하다』(사계절, 2021), 『영혼이란 무엇인가』(서광사, 2020), 『호모 페스티부스: 놀이와 예술과 여가로서의 삶』(서광사, 2018), 『좋은 삶이란 무엇인가』(서광사, 2018), 『죽음과 아름다움의 신화와 철학』(루비박스, 2015) 등이 있다.

phileidos@gmail.com

정영기 │ 호서대학교 창의교양학부 교수

고려대학교 철학과를 졸업하고, 고려대 대학원에서 철학 박사학위를 받았다. 저서로는 『민주시민교육의 인문학적 기반연구』(경제인문사회연구회), 『인문학 독서토론 20선』(에이치북스), 『논리적 사고와 표현』(에이치북스), 『철학과 영상문화』(해피북스), 『과학적 설명과 비단조논리』(엘맨출판사), 『논리와 사고』(충남대학교 출판문화원), 『귀납논

리와 과학철학』(철학과 현실사), 『논리와 진리』(철학과 현실사) 등이 있다. 번역서로는
『현대 경험주의와 분석철학』(고려대학교 출판부), 『근대 철학사 데카르트에서 칸트까지』
(서광사), 『공학 철학』(서광사) 등이 있다.

jsch123@hanmail.net

최승우 | 교수신문 기자
대학에서 철학을 전공했다. 군 시절 병영문학상에 응모, 국방부장관상을 수상하였으며
현재 교수신문 기자로 재직 중이다. 주요 관심 분야는 '마광수의 자유주의'와 '68혁명',
'네오마르크시즘' 등이다.
kantmania@naver.com

최신한 | 한남대학교 명예교수(철학)
독일 튀빙겐대학교에서 독일고전철학으로 철학 박사학위를 취득하였다. 한국헤겔학회,
대한철학회, 철학연구회의 회장을 역임하였으며, 'Studia Humanitatis'의 대표로 활동 중
이다. 저술로는 『헤겔철학과 형이상학의 미래』, 『지평확대의 철학』, 『현대의 종교담론과
종교철학의 변형』 등 다수의 학술서적이 있다. 또한 슐라이어마허의 『종교론』과 『기독교
신앙』 등을 번역하였다.
ch0111@hnu.kr

허 현 | 충남대학교 사학과 교수
미국 위스컨신 주립대학교(매디슨)에서 도망노예와 관련된 북부 자유주들의 인신자유법
(personal liberty laws) 연구로 박사학위를 받았다. 미국의 노예제와 노예제폐지운동,
미국 혁명, 미국 내전 및 인종주의 등과 관련된 일련의 논문들이 있으며 현재 미국사는
물론, 기록학과 여성젠더학과 관련한 연구 및 대학원 세미나를 진행하고 있다.
hon422@cnu.ac.kr

황병기 | 서경대학교 동양학과 교수

연세대학교에서 철학 박사학위를 취득하였다. 저서로 『정약용의 주역철학(연세국학총서 96)』(2014), 『공자혁명: 2000년 전의 유교, 현대 교육에 메스를 대다』(공저, 2015) 등이 있고, 역서로 『역주 대학공의 대학강의 소학지언 심경밀험』(공역, 2014) 등이 있으며, 「여헌 장현광의 도맥과 퇴계학 전승의 문제」(2016) 등의 논문이 있다.

philculture@hanmail.net

역사와 고전의 창으로 본 21세기 공공리더십

초판발행   2023년 7월 17일

지은이   서영식 외 29인
펴낸이   안종만·안상준

편 집   김민조
기획/마케팅   정연환
표지디자인   이솔비
제 작   고철민·조영환

펴낸곳   (주)**박영사**
                서울특별시 금천구 가산디지털2로 53, 210호(가산동, 한라시그마밸리)
                등록   1959. 3. 11. 제300-1959-1호(倫)
전 화   02)733-6771
f a x   02)736-4818
e-mail   pys@pybook.co.kr
homepage   www.pybook.co.kr
ISBN   979-11-303-1782-3   03320

정 가   16,000원